O CONDENADO

CAMILO CASTELO BRANCO

O CONDENADO

Principis

Esta é uma publicação Principis, selo exclusivo da Ciranda Cultural
© 2021 Ciranda Cultural Editora e Distribuidora Ltda.

Texto
Camilo Castelo Branco

Produção editorial e projeto gráfico
Ciranda Cultural

Preparação
Fernanda R. Braga Simon

Diagramação
Linea Editora

Revisão
Mariana Paschoal

Imagens
Lukeruk/shutterstock.com

Dados Internacionais de Catalogação na Publicação (CIP) de acordo com ISBD

B816c	Branco, Camilo Castelo, 1825-1890
	O condenado / Camilo Castelo Branco ; ilustrado por Vicente Mendonça. - Jandira, SP : Principis, 2021.
	160 p. ; 15,5cm x 22,6cm. - (Clássicos da literatura mundial)
	ISBN: 978-65-5552-260-0
	1. Literatura portuguesa. 2. Teatro. I. Mendonça, Vicente. II. Título. III. Série.
2021-262	CDD 869 CDU 821.134.3

Elaborado por Vagner Rodolfo da Silva - CRB-8/9410

Índice para catálogo sistemático:
1. Literatura portuguesa 869
2. Literatura portuguesa 821.134.3

1ª edição em 2021
www.cirandacultural.com.br
Todos os direitos reservados.
Nenhuma parte desta publicação pode ser reproduzida, arquivada em sistema de busca ou transmitida por qualquer meio, seja ele eletrônico, fotocópia, gravação ou outros, sem prévia autorização do detentor dos direitos, e não pode circular encadernada ou encapada de maneira distinta daquela em que foi publicada, ou sem que as mesmas condições sejam impostas aos compradores subsequentes.

SUMÁRIO

PRIMEIRO ATO 13

SEGUNDO ATO 77

TERCEIRO ATO 119

    Primeiro quadro 119

    Segundo quadro 149

Breve nota sobre a obra

Esta peça é dedicada e levemente inspirada na vida de José Cardoso Vieira de Castro, um escritor e político português que terminou uma carreira meteórica aos 35 anos de idade, depois de um crime passional que emocionou os círculos cultos portugueses e brasileiros.

Conhecido e amigo de tantos nomes literários, como Camilo Castelo Branco, Júlio Dinis, Antero de Quental, Eça de Queirós, Ramalho Ortigão, Pinheiro Chagas e o brasileiro Machado de Assis, foi profundamente elogiado e defendido por estes quando foi preso, julgado e depois desterrado pelo crime que cometeu.

Considerado um dos maiores intelectuais da sua época e um dos mais brilhantes oradores, José Cardoso Vieira de Castro, depois de uma estadia prolongada no Brasil, casou-se, aos 30 anos, com uma brasileira 15 anos mais nova que ele. Depois de se instalarem em Lisboa, a esposa acabou por se envolver com o sobrinho do escritor Almeida Garrett que tinha por hábito visitar a casa em serões literários. Sabendo da traição da esposa, José de Castro acabou por assassinar a jovem, quando esta dormia, usando para isso uma almofada com clorofórmio. No dia seguinte entregou-se às autoridades, confessando o crime.

O crime emocionou a intelectualidade romântica portuguesa e brasileira e provocou renhidas polêmicas em torno da sua culpabilidade.

Foi condenado a dez anos de degredo para Angola, onde morreu em 1872, aos 35 anos de idade, nos arredores de Luanda, vítima de febre fulminante.

Camilo Castelo Branco criara com ele vínculos de particular amizade, pois foi na casa de Vieira de Castro que Camilo se refugiou quando se encontrava em fuga em razão da prática de adultério com Ana Plácido; em homenagem, referiu-se à memória de José Cardoso Vieira de Castro dizendo: "aceitou o degredo e a morte, em desafronta da sua honra de marido".

A JOSÉ CARDOSO VIEIRA DE CASTRO

Se ainda tens lágrimas, se ainda as tens no coração, meu infeliz amigo, permita Deus que possas verter alguma na página onde encontrares uma palavra, um grito de lacerante angústia, como tantos que hás de ter abafado.

Neste livro, não pude bem assinalar um leve traço do teu enorme infortúnio. Não pude, porque a tua desgraça não tem nome.

Figura-se-me que tu, Vieira de Castro, na tua cerrada noite de seis meses, ainda não pudeste ver ao sol de Deus os sulcos por onde desceu dos teus olhos o sangue, a seiva toda da tua mocidade.

Entre o teu passado e este dia de hoje – cujas horas vão já batendo na eternidade de uma tristeza irremediável – estás tu empedrado de assombro a encarar no abismo onde te resvalou a mão que beijavas e ungias de lágrimas de felicidade.

No fundo dessa voragem vês as tuas coroas de glória a secarem-se, a desfazerem-se, a pulverizarem-se o desabar deplorável de uma esplêndida vida que foi a tua, ó grande espírito!

Levanta daí os olhos, alma atormentada, antes que vejas em lodo o pó das tuas grinaldas, sobre as quais vão cuspindo homens tão escassos de misericórdia como de dignidade.

Deus que te veja chorar e te envie o doce trago da morte, que receberás sorrindo como todo homem que expira vergado ao peso da sua cruz, mas não à ignomínia dela.

Falta-te morrer, Vieira de Castro, para que na tua sepultura se respeitem as cinzas de um grande coração extremado na honra e na desgraça.

CAMILO CASTELO BRANCO

Personagens

Dona Eugênia de Vasconcelos (ou dona Leonor) – 28 anos

Viscondessa de Pimentel – 50 anos

Visconde de Vasconcelos – 55 anos

Rodrigo de Vasconcelos – 28 anos

Pedro Gavião Aranha – 27 anos

Jorge de Mendanha ou Jácome da Silveira – 51 anos

José de Sá – 50 anos

Joaquim, criado

João, criado

Outros criados e pessoas que não falam

A cena corre no Porto, em 1857.

PRIMEIRO ATO

(Sala pomposamente trastejada, mas em desordem. Portas ao fundo e laterais. Dois criados estão espanando a mobília. O criado João, mais montesinho que os outros, denota a estupidez velhaca do aldeão.)

CENA 1

Joaquim e João

JOAQUIM *(refestelando-se num sofá)*
Ó João, toca a descansar; senta-te, mas com jeito, senão afundas.

JOÃO *(apalpando o estofo)*
Isto foi amanhado com bexigas cheias de vento? Queres tu ver que eu vou rebentar o fole? *(Deixa-se cair e levantar pelo elastério das molas.)* Ih! Pensei que dava com o costado no solho! Um homem regala o cadáver nestas enxergas!

JOAQUIM
Isto sempre é melhor que andar a guardar ovelhas na Samardã, hein?

JOÃO
O quê? Pois não fostes? Tomara-me eu lá com as minhas ovelhas. Assim que me lembram os nossos montes, começo a esbagoar e atrigar-me aqui dentro do coração *(pondo a mão na barriga)*.

JOAQUIM

O coração não é aí, bruto! Aí são os rins.

JOÃO

Onde é então?

JOAQUIM

Aqui. *(Pondo a mão perto do sovaco do braço direito.)*

JOÃO *(com espanto)*

Aqui?! Credo!

JOAQUIM

Aí mesmo. Aqui foi sempre o coração; e o bucho está aqui, salvo tal lugar. *(Apontando o umbigo.)*

JOÃO

O bucho, aqui? Aqui é a espinhela; o bucho é onde cai a trincadeira.

JOAQUIM *(rindo-se com ar de irônica piedade)*

João, tu chegaste da Samardã há quinze dias, e eu tenho palmilhado todas as capitais do reino de Portugal. Olha se me ensinas onde está o bucho, a mim, que tenho sido criado de conselheiros, de cônegos, de barões, e mesmamente de ministros de estado! O bucho, desde que o mundo é mundo, foi sempre aqui *(insiste na demarcação)*. Faz-te esperto, rapaz! O patrão já me disse ontem: "Ó Joaquim, este teu primo é um burro".

JOÃO

Eu bem ouvi. Não foi assim que te disse o patrão. O que ele disse foi: "Ó Joaquim, este teu primo é tão burro como tu".

JOAQUIM

Não disse isso.

O CONDENADO

JOÃO

Na minha salvação, disse; e, cá a mim, se o patrão me torna a chamar burro, vou-me pra terra. Eu não sou burro, sou cristão batizado. Alcunhas não as quero. Cá no Porto é costume essa chalaça.

JOAQUIM

Que chalaça?

JOÃO

Todos são bichos.

JOAQUIM

Todos são bichos? Más maleitas me tolham, se eu te percebo!

JOÃO

Lembras-te quando eu fui pra porta da rua saber quem vinha cá? Pois olha, ao primeiro veio um fidalgo que se chamava Lobo; depois um Raposo; depois um Leão; depois um Coelho e um Lebre, e outro senhor chamado Camelo, e outro Pato, e um Rola. Olha que bicharia! Eu estava a ver quando chegava um Urso e um Boi. Lá na Samardã toda a gente aveza nomes de gente, pois não aveza?

JOAQUIM

Homem, tu nunca viste nada. Faz minga correr todas as capitães do reino de Portugal como eu. Olha que os fidalgos quase todos têm bichos...

JOÃO (*atalhando*)

Têm bichos? Arrenego-os eu!

JOAQUIM

Não me fales à mão; quase todos têm bichos no nome é o que eu queria declarar na minha proposta. Tu não examinaste as armas reais que o patrão tem nas quintas lá de riba?

JOÃO

Olha que já estive a malucar que na porta da quinta do Corgo estão as armas do rei com dois lagartos e um lacrau. Os lagartos, salvo seja, têm assim as unhas (recurvando os dedos). E o lacrau tem a língua à dependura (figurando). Mas cá o patrão não se chama lagarto nem lacrau, que eu saiba.

JOAQUIM

O animal que viste não é lacrau. O bicho que bota a língua de fora chama-se leopardo.

JOÃO

Isso é nome de cristão... Leonardo!

JOAQUIM

Leopardo, asno!

JOÃO

Tu não me chames asno, primo! Não me desfeiteies. Quem não sabe, aprende. Então por que tem o patrão o leopardo nas armas reais?

JOAQUIM

É história antiga lá da família.

JOÃO

Então esse bruto era da família do patrão? Tu também não és pequeno animal, Joaquim! Estás um bom fistor! Olha se me engrampas a mim. Olha... (Arregaça o olho esquerdo.)

JOAQUIM (alvoroçado)

Espana, que aí vem gente...

CENA 2

OS MESMOS E O VISCONDE DE VASCONCELOS

JOAQUIM
   Tenha vossa excelência muito bons dias, senhor visconde.

VISCONDE
   Adeus. O meu filho saiu?

JOAQUIM
   Saiu às nove horas e mais a senhora. Acho que foram comprar arranjos para o baile.

VISCONDE
   Quando é o baile?

JOAQUIM
   Amanhã, senhor visconde.

JOÃO

É amanhã, mas saberá vossa excelência que só começa de noite.

JOAQUIM *(acotovelando-o)*

Cala-te aí!

VISCONDE

Vão; e assim que o meu filho entrar digam-lhe que estou aqui. *(Os criados saem.)*

CENA 3

VISCONDE DE VASCONCELOS

Bailes! Bailes! Com que tristeza os imagino!... Quem me dera não saber que o meu filho dá bailes!... Deixasse-me eu ficar na solidão do meu desterro na aldeia... Era preciso que a minha amargura entrasse no coração viçoso e feliz do meu filho, para que a desgraça o não assalte em pleno gozo de mocidade, saúde e abundância... Era preciso; mas há cruel impertinência neste meu desejo. Um velho a querer regelar uma alma em flor com os seus pesares, com os seus tantos invernos vividos e chorados ao pé de uma sepultura!... Isto é uma iniquidade! Os experientes da vida, os que envelheceram penitentes, onde quer que chegam, levam consigo um fantasma funesto. Na sua presença, aos descuidados do futuro desmaia-se a cor brilhante das alegrias; aos loucos afortunados irrita-os a catadura torva da tristeza; os mais generosos espíritos não desculpam o velho, que sai ao encontro da mocidade e lhe diz: "Envelhece antes do inverno da vida, para que o desandar da roda te não colha ainda na primavera, e te não abra no rosto o sulco das lágrimas. *(Ouve-se o rodar de carruagem.)*

Ei-lo que vem respirando as fragrâncias dos 28 anos; e eu aqui estou como espetro de terríveis presságios, esperando-o nos salões, donde a noite de amanhã fugirá depressa como fogem as noites que abrem na memória uma data, um nome, que no fim da vida as lágrimas não podem desfazer... Para que hei de entristecê-lo? Deixá-lo sonhar, deixá-lo iludir-se. Que desconte na desgraça por vir isto que se chama felicidade, este brincar com as flores que cobrem a boca do abismo. Deixá-lo ser moço até que a primeira nortada do infortúnio lhe bata no rosto. *(Suspenso e recolhido.)* Não posso, não posso. Aqueles que ainda podem salvar-se quero que me ouçam gemer no parcel onde naufraguei.

CENA 4

VISCONDE E RODRIGO DE VASCONCELOS

RODRIGO *(beijando-lhe a mão)*
  Esperou muito tempo, meu pai?

VISCONDE
  Não esperei. Onde está tua mulher?

RODRIGO
  Eugênia vem já. Foi largar a capa e o chapéu, e naturalmente matar saudades do filho. Eu tencionava ir logo pedir-lhe a sua vinda ao baile de amanhã.

VISCONDE
  Ias convidar-me para um baile, Rodrigo?! A mim?! Já me viste em bailes?

RODRIGO

Certamente não. Nas quintas, onde vossa excelência costuma viver, seria rara a tentação dos bailes *(sorrindo)*; e o meu pai, que deixou há tantos anos as salas de Lisboa, decerto não sucumbiria à tentação em Lamego ou Amarante. Eu sei, no entanto, que o meu pai frequentou os bailes da capital e se distinguiu entre os mais notáveis moços, alguns dos quais ainda hoje reflorescem alegres primaveras, a julgá-los pela cor das barbas. Ainda ontem uma dama da alta sociedade de Lisboa, prima dos condes de Travaços, me perguntou se o pai ainda conservava memórias do gentil rapaz que havia sido. Recorda-se de uma senhora viscondessa de Pimentel?

VISCONDE

Muito bem.

RODRIGO

Pode vê-la aqui amanhã.

VISCONDE

Essa dama ainda folga em bailes?

RODRIGO

Por que não? Representa uns 35 anos.

VISCONDE *(sorrindo)*

É mais nova do que eu uns cinco anos. Eu tenho 56. Lembro-me perfeitamente da Francisquinha Almeida, que depois casou com um Pimentel, que a fez viscondessa. Era mulher de talento satírico, pouco exemplar nos costumes, e... *(Mudando de tom)*. Deve ter branco o formoso cabelo loiro que tinha...

RODRIGO

Agora é negro.

O CONDENADO

VISCONDE

Sim? Aí tens, meu filho, uma das proeminências ridículas do teu baile: essa dama tingida, pintada, galhardeando-se, e talvez polcando garbosamente como quem sacode dos ombros o peso de meio século. Mas o ridículo dos bailes não é o mau; o mau, o péssimo é o que é triste, é o que não pode ser visto senão por olhos que choraram muito...

RODRIGO *(interrompendo-o)*

Vai o pai entristecer-se... E começou tão bom, tão irônico...

VISCONDE

As minhas ironias, Rodrigo, são sempre amargas; mas o fel que elas têm, todo contra mim reverte. Aí vem Eugênia; mudemos de conversação.

CENA 5

Os mesmos e Dona Eugênia

DONA EUGÊNIA *(beijando a mão do Visconde)*
Como está, meu pai?

VISCONDE
Bom. Vejo que está excelente a minha filha. Ainda não perdeu as boas cores que trouxe da província.

DONA EUGÊNIA
Quem me lá dera outra vez!

VISCONDE
Na aldeia? Naquela casa melancólica, cercada de montanhas, aonde nunca chegaram os ecos das músicas de um baile? Queria-se outra vez na aldeia a minha Eugênia?

DONA EUGÊNIA
A primavera ainda vem tão longe...

O CONDENADO

VISCONDE

E, depois que lá estiver, a menina há de ter saudades do baile de há quinze dias, do baile de amanhã, e dos bailes que...

DONA EUGÊNIA *(interrompendo-o)*

Não, senhor. O que eu vejo e sinto agradável nos bailes é o contentamento de Rodrigo. Ele está acostumado a estes recreios e acha neles o prazer que eu provavelmente acharia também se não tivesse sido criada e educada num recolhimento. Por mais que a gente queira habituar-se à vida cá de fora, o jeito e o acanhamento da clausura não se perdem.

VISCONDE

A minha filha, portanto, sacrifica-se aos usos e costumes da sociedade elegante...

DONA EUGÊNIA

Aos costumes da sociedade elegante, não, senhor; ao contentamento de Rodrigo, sim.

VISCONDE

Pois, Eugênia, encarecidamente lhe peço que empenhe todo o valor do seu coração em persuadir ao meu filho que há contentamentos mais sólidos e inefáveis que os bailes. Insinue-lhe com as suas frases singelas e amoráveis que as serenas delícias da vida íntima fogem assustadas das folias estrondosas das salas. E diga-lhe que, no fim de uma noite de baile, aparecem nos tapetes umas flores sem viço, que muitas vezes simbolizam corações sem inocência. Corações e flores perderam a candura e aroma na mesma hora, queimados pelo calor da mesma respiração.

RODRIGO *(sorrindo)*

Aí vem o pai com as suas teorias pessimistas. Ainda ninguém viu os vícios da sociedade por vidros de tamanho aumento!

VISCONDE

Eugênia, deve ter muito em que lidar. Quem dá um baile precisa mortificar-se oito dias antes e fazer holocausto das suas canseiras ao Bom-Tom, ídolo criado pelo paganismo moderno. A civilização tem apóstolos e mártires. Ora vá.

DONA EUGÊNIA

Janta conosco, sim?

VISCONDE

Pode ser.

DONA EUGÊNIA

Até logo *(apertando-lhe a mão. Sai)*.

CENA 6

Visconde e Rodrigo

VISCONDE *(com gravidade)*
Agora, se te apraz, Rodrigo, argumentaremos a respeito de bailes; e ficas avisado para, na presença da tua mulher, nunca me desafiar a discutir contigo em assuntos de corrupção social. Agradece tu ao acaso a santa ignorância que Eugênia te trouxe do recolhimento. Não a ilustremos; ouviste, Rodrigo? Não a ilustremos... Bem vejo que estás no propósito de descondensar as trevas que a separam das brilhantes damas que decoram as tuas salas. Sei isso. Queres o diamante lapidado; queres que ele refulja à luz dos bailes. Vais entrando com ela por estas portas do grande mundo, por estes bazares onde a mercadoria humana se assoalha; onde os corações como que andam à vista nos seios descobertos; onde, enfim, as almas se caiam e purpureiam como as caras...

RODRIGO
Jesus! Que imaginação! O meu pai está iludido com a sociedade.

CAMILO CASTELO BRANCO

VISCONDE

Iludido, eu! Pois... Quem pensei que eu fui?!

RODRIGO

Sei que o meu pai foi um rapaz distinto, um cortesão, um modelo de fidalgos; sei que o meu pai se estremou na sua sociedade, e decerto lá não achou as demasias de desmoralização que se lhe figuram na sociedade de hoje. Supondo que, nos salões de há vinte e tantos anos, meu pai encontrou almas viciosas e péssimas, quantas se lhe não depararam virtuosas e ótimas? Se eu lá procuro exemplo de bons costumes em moço rico e considerado, não encontro meu pai?

VISCONDE

Não. Quem te disse a ti que eu não fui um... um vilão?

RODRIGO

Se meu pai tivesse sido um vilão, ninguém ousaria dizer-mo... Sei o que o meu pai foi. Teve os lapsos e quedas próprias da idade, sem quebra de honra. Desenganou-se ou cansou-se mais cedo que o vulgar dos homens, apartou-se deles sem deixar rasto de ignomínia. É isto que eu conjeturo do seu passado.

VISCONDE

Se to assim disseram, mentiram-te; e, se finges ignorar o que fui, sou incapaz de baixas hipocrisias a pretexto de manter a minha dignidade de velho e de pai. *(Pausa)* Rodrigo, eu depravei-me... Perdi-me. O teu pai confessa-se diante de ti, para juntar mais um flagelo ao açoute com que a Providência o fere. A força da alma, a probidade, a índole generosa que se me formou na educação, perdi-as, e foi nos salões que as perdi. Não me foi necessário imergir na lama das orgias para de lesar libertino. Nunca aí desci. Foi nas salas que o meu coração se encheu da peçonha dos desejos perversos; foi nos bailes que eu perdi os mais vulgares sentimentos da honra, não salvando sequer a coragem, esse derradeiro anteparo do cínico, essa falsa honra que empresta a máscara aos assassinos em duelo. Dos bailes é que eu saí infamado e infame aos meus próprios olhos. Imaginas tu o que é isto de sentir-se um homem infame diante de si mesmo? E sabes o que seja envelhecer debaixo da pesada cruz da vida, sem ter um acordar tranquilo no longo espaço de vinte e dois anos? E tomar-te eu nos braços quando eras menino, e dizer-te muitas vezes: "Ó filho, ó criatura inocentinha, pede à misericórdia divina que se dê por contente com o imenso cálix de amargura que tenho devorado. Diz a Deus que mo receba cheio de lágrimas de sangue". *(Soluça.)*

RODRIGO

Meu querido pai, que extraordinária dor é essa!? O seu espírito sombrio está exagerando culpas ignoradas. Nunca me falou alguém nos seus crimes. Se eles fossem enormes, ou sequer sabidos, não teriam esquecido...

VISCONDE

A sociedade esquece tudo. Esquece vítimas e algozes. Mas não esqueças tu que viste chorar teu pai. Se poder ser, vê sempre estas lágrimas através das alegrias dos teus bailes, e escuta-me lá algumas vezes como se eu te estivesse pedindo que fujas deles com a tua mulher; e, se não podes defender-te destes prazeres traiçoeiros, meu filho, consente que a tua mulher se não aparte das árvores onde a chamam as saudades; deixa que ela se fique na quietação da aldeia, e vem tu para as cidades. Tu voltarás mais tarde cansado e dilacerado; e, quando pensares que vais sem coração, encontrá-lo-ás no seio puro da tua mulher e no sorriso dos teus filhos. Perde-te; mas poupa a alma de Eugênia, para que te não falte o último refúgio. Olha que uma esposa sem mácula, um amor de mulher sem remorso de crime, nem receio de que lho descubram, é luz que nos vai procurar a todas as voragens. Abisma-te; mas não a desvies do berço do teu filho; não quebres o sagrado laço, que Deus formou entre a alma que se está formando, e a alma de mãe, onde é preciso que arda um grande amor, santificado por consciência de grandes virtudes.

CENA 7

OS MESMOS E JOÃO

JOÃO
  Fidalgo, está ali um senhor que se chama...

RODRIGO
  Como se chama?

JOÃO
  Ele, a falar a verdade, disse como se chama; mas varreu-se-me de todo; e mais tenho-o debaixo da língua, como lá diz o outro. *(Recorda.)* Ele tem dois nomes de bichos.

RODRIGO
  De bichos?!

JOÃO
  Sim, senhor fidalgo; mas não é dos que vem cá a casa.

O CONDENADO

RODRIGO

Dos que vem quê?

JOÃO

Daqueles fidalgos, que se chamam Leões, Lobos e Camelos.

RODRIGO

Burro!

JOÃO

Também não é burro... Ah! *(Sacudindo a mão direita.)* Parece-me que me lembra. Um é assim, um nome de passarolo grande, que se chama... Ora o diabo... Que se chama... Não é corvo, nem pato, nem milhafre, nem... Ah! É Gavião.

RODRIGO

Gavião?

JOÃO

Saberá vossa excelência que sim; mas ele ainda tem outro nome de animal.

RODRIGO *(ao Pai)*

Eu foi muito amigo de um rapaz que viaja há anos, chamado Gavião Aranha.

JOÃO

Aranha! É isso mesmo. É Aranha.

RODRIGO

Vai depressa; que entre. *(João sai.)*

33

CENA 8

O Visconde, Rodrigo e depois Pedro Gavião Aranha

RODRIGO

Foi um dos meus amigos mais constantes. Há quase dois anos que não sei dele.

VISCONDE

Vou sair. Até logo.

RODRIGO

Permita que eu lhe apresente o Aranha. É um excelente rapaz, o melhor coração de cata-vento que há no mundo. Ei-lo aí está! *(Vem entrando Pedro: Rodrigo vai recebê-lo nos braços.)* Não há que duvidar. É o Pedro Aranha. Como estás tu, rapaz? Belo, gentil, com uma cara espirituosamente francesa.

PEDRO

Americano-inglesa, se dás licença. Estas barbas procedem de Nelson e dão-me o grave tom plástico de um negociante de queijos londrinos.

O CONDENADO

RODRIGO

Meu pai, apresento o meu íntimo amigo de colégio e dos salões de Lisboa. As nossas alegrias e tristezas da mocidade eram comuns. Pedro, aperta a mão ao melhor dos pais.

PEDRO

Respeitosamente aperto a mão ao senhor visconde de Vasconcelos. Há dois meses me perguntaram em Nova Iorque se eu conhecia vossa excelência. Respondi que tinha a honra de ser amigo muito particular de um filho do senhor visconde.

VISCONDE

Quem se lembrará de mim na América Inglesa?

PEDRO

Um português que disse chamar-se Jorge de Mendanha.

VISCONDE *(recordando-se)*

Jorge de Mendanha! Não tenho a mais leve lembrança de tal nome! Donde é ele?

PEDRO

Provinciano, não sei de qual província.

VISCONDE

Deve ser velho.

PEDRO

Entre 50 e 55 anos, penso eu. A cara é de marítimo torrado do sol, um bronzeado de africano; mas a linguagem tem certo relevo literário, e as maneiras são aristocráticas, sem pretensão.

VISCONDE

E disse que me conheceu?

PEDRO

Não, senhor visconde; apenas me perguntou se eu conhecia a vossa excelência.

VISCONDE

Provavelmente é algum dos muitos rapazes da minha criação no colégio dos nobres. Esqueci todos, exceto um ou dois que já são mortos. Jorge de Mendanha!... Não me posso lembrar. Senhor Gavião Aranha, conversem, que hão de ter muito que recordar. Eu folgo de conhecer vossa excelência. Demora-se no Porto? Creio que não é daqui...

PEDRO

Sou algarvio. Quando cheguei a Lisboa e soube que Rodrigo estava no Porto, e casado, parti sem demora a ver se conseguia ainda usurpar à esposa alguma da muita amizade que ele me deu.

VISCONDE

O meu filho sabe apreciar os verdadeiros amigos. *(Aperta-lhe a mão e sai.)*

CENA 9

PEDRO E RODRIGO

PEDRO

Senhor Rodrigo de Vasconcelos, vamos a contas. Quando recebeu você a minha última carta?

RODRIGO

Há ano e meio, datada no Cairo. Respondi para o Cairo.

PEDRO

Não recebi. Estava em Alexandria, embrenhei-me pela Ásia dentro e voltei à América do Norte há seis meses. Escrevi-te para Lisboa.

RODRIGO

Saí de Lisboa há dezesseis meses. A tua carta, provavelmente recheada de descrições românticas, não ousou profanar o esconderijo onde me foragi com a minha felicidade de marido extremoso. Vou apresentar-te minha mulher.

PEDRO

Venha cá você. Antes de me apresentar sua senhora, conte-me a história do seu casamento. Todos os pormenores são pontos essenciais desse soleníssimo desmentido às tuas grandes teses de celibatário defendidas nas enormes ceias em que tu parecias sepultar no estômago o esqueleto do coração.

RODRIGO

Esqueleto do coração!... Ó ignorante, aprende que o coração é músculo.

PEDRO

É músculo oco; eu também já sabia isso, mestre; também fiz do peito anfiteatro anatômico; e, quando procurava dezoito imagens de mulheres meio delidas na superfície rugosa do coração, encontrei o músculo, de que tens notícia, fundi-o e achei o vácuo. E tu que encontraste?

RODRIGO

Isso.

PEDRO

Isso quê?

RODRIGO

O vácuo do coração; mas a plenitude da alma, que é outra casta de entranha.

PEDRO

Entranha! A alma é entranha! Colocas a essência imortal na categoria do fígado e do baço! Deixemos essa questão à Academia real das ciências e vamos à história do teu casamento. Vais contar-me alguma história onde o lírico, o ideal, o extraordinário realcem e deslumbrem a vulgaridade do matrimônio. Vamos às peripécias. *(Em tom enfático de narrador)* Era uma formosa tarde de estio...

O CONDENADO

RODRIGO

Não tem romance, nem sequer lirismo a história do meu casamento.

PEDRO

Não?!

RODRIGO

Vê lá se este casamento recende alguma poesia. O meu pai, estando eu em Beja, mandou-me procurar no recolhimento da Piedade de Évora duas senhoras nossas parentas, e que lhes lembrasse o seu antigo primo e amigo, e oferecesse a nossa casa e os nossos haveres, se elas carecessem de socorros. Fui a Évora, perguntei no recolhimento pelas senhoras, e soube que ambas eram falecidas, e que na cela onde tinham morrido vivia uma sobrinha delas, muito doente do peito e para pouca vida. Vai vendo que fúnebre exórdio!

PEDRO

Sim: temos já duas mortas e uma moribunda! Entras no templo de amor pelo cemitério!

RODRIGO

Mandei pedir a minha prima se me concedia o favor de a cumprimentar. Permitiu que a visitasse no dia seguinte. Fui com um esquisito alvoroço e pressentimento. Apareceu uma formosa menina com as rosetas da tísica nas faces e um sorriso de santa, como se a saída deste mundo lhe desse alegria. Conversamos muitas horas. Contou-me que era órfã e tinha um pequeno patrimônio, de cujo rendimento se sustentava e mais a sua Eugênia, um anjo que Deus lhe mandara, como compensação, que em poucos anos a indenizasse da felicidade e amor, em desconto do muito que poderia viver. Visitei-a segunda vez. Apresentou-me então a sua amiga. Não trato de te incutir espanto da sua formosura. Eugênia tem a beleza reflexa do ideal incorpóreo e indefinido. O que muito me impressionou, e mais do que a beleza, foi o ar de bondade e melancolia, uns olhos que pareciam estar sempre lagrimosos e fitos numa grande calamidade, um cismar e concentrar-se sem afetação, sem sequer atender à presença de um homem que poderia ter a vaidade de fazer-se atendível. Participei ao meu pai o que tinha visto. Recomendou-me que convidasse da sua parte minha prima Celestina para passar-se do convento aos ares saudáveis da nossa casa em Trás-os-Montes, e lhe pedisse que levasse comigo Eugênia. Mostrei a carta do meu pai. Celestina pensou três dias e aprestou-se para a jornada com a sua amiga e as suas criadas.

Pelo caminho me foi contando minha prima a breve história de Eugênia. Uma senhora de Lisboa entrou no recolhimento da Piedade de Évora com uma menina de 3 anos, a quem chamava sobrinha. Esta senhora vivia com poucos meios e morreu não deixando alguns, quando Eugênia contava 16 anos. A minha prima levou para a sua cela a desvalida menina e repartiu com ela a sua pensão. Neste sereno afeto encontrei as duas órfãs.

As recolhidas, segundo depois averiguei, suspeitavam que Eugênia fosse filha da reclusa que lhe chamava sobrinha. Eugênia presume ter a certeza de que não é filha da senhora que a criou. Como quer que fosse, a suposição de que a órfã denotava com o seu sombrio silêncio a procedência de algum desgraçado amor, obrigava talvez a curiosidade a não devassar o mistério de que a minha prima não tinha a menor elucidação.

Celestina melhorou algum tanto na província; mas, ao cair da folha, expirou nos braços da companheira de infância, dizendo ao meu pai, em tom suplicante, que adotasse como sua filha a pobre Eugênia. Passados dias... Vê lá se te estou estafando com a história.

PEDRO

Homem, não vês o interesse e a gravidade com que te escuto! Passados dias...

O CONDENADO

RODRIGO *(prosseguindo)*

O meu pai, adivinhando-me, disse que o meu silêncio lhe não lisonjeava a alma, que eu ainda mal conhecia. "Se amas Eugênia, casa", disse ele.

Fui a Évora averiguar por onde poderia haver certidões necessárias ao casamento. Nada obtive; apenas um antigo capelão do recolhimento me disse que a senhora dona Maria da Glória, tia ou o que quer que fosse de Eugênia, entrara no convento em 1837 e morrera em 1849 sem ter escrito nem recebido carta alguma; e que uma vez cada ano aparecia na portaria um homem ordinário, procurando a reclusa, e provavelmente entregava a dona Maria da Glória o dinheiro com que ela parcamente se sustentava. No pensar do capelão, esta dama era fidalga, porque o padre que a confessava uma vez dissera que a secular tinha tão nobre sangue como espírito. Este padre confessor era já falecido quando o procurei em Lisboa. Nada pude, portanto, averiguar nem pensei mais em inúteis indagações. Obtive dispensa das mais urgentes certidões e casei com Eugênia... Por esta ocasião meu pai perfilhou-me.

PEDRO

Tu eras filho natural? Eu não sabia.

RODRIGO

Não? Nem eu. Só depois que saí do colégio dos nobres e fui à província é que os criados me contaram que a minha mãe era uma formosa e pobre moça que amou muito e viveu pouco. Como vinha dizendo, meu pai perfilhou-me. Deu-me em dote a maior parte da sua casa e reservou para si uma quinta afogada entre serranias em Trás-os-Montes. Ora aqui tens.

PEDRO

E dizias que não tinhas romance!...

RODRIGO

Romance não é; é o que os romancistas não sabem pintar: a felicidade perfeita. Eugênia é boa como todas as mães extremosas. Tenho um filho de seis meses: a criancinha figura-se-me uma flor que se abriu da inocente e doce alma da mãe. Eu não tinha direito a tanto contentamento sem intercadência de tristeza. Sou feliz; e creio que o sou, porque há Deus, e porque me liguei a um dos seus anjos neste mundo.

PEDRO

Que linguagem! Que transformação! Deixei-te cético a respeito de mulheres; ateu, a respeito dos deuses; e um consumado Herodes a respeito dos meninos. Acho-te um coração cheio dos três e únicos elementos da felicidade humana: o amor de marido, a ternura de pai, e a religião que recebe os bens e os males da vida como favores da Providência. Eu também creio em tudo isso; mas também creio no diabo. Depois disto, o que eu poderia desejar-te era doze contos de renda, e um suplemento de boa saúde, como pedia Henri Heine quando não tinha esposa, nem filho, nem Deus, nem saúde, nem dinheiro. Saúde tens tu à proporção dos capitães, não é verdade?

RODRIGO

Sim; vivo bem, e desassombrado de credores.

PEDRO

Ah! Tu já não tens credores?! *(baixo)* Transgrediste o solene juramento que fizemos em Lisboa de não pagar a usurário que abusasse da nossa inocência do juro da lei?!

RODRIGO

O meu pai mandou pagar tudo e a todos.

O CONDENADO

PEDRO

E não te amaldiçoou?

RODRIGO

Não.

PEDRO

Oh! Que pai! Que santo! Que patriarca hebreu!

RODRIGO

Disse-me isto somente: "Se tivesses contraído dívidas no valor do que possuis, eu pagaria as dívidas e ficarias pobre. Por agora és rico; mas, se teimares em dissipar, o opróbrio te ensinará o caminho da infâmia".

PEDRO

Apre! Isso parece-me estilo de pai grego ou romano. Esse caso deve passar para a nova edição do tesouro de meninos!

RODRIGO

E tu não pagaste aquele dos óculos verdes?

PEDRO

A qual dos óculos verdes? Todos os usurários que eu conheci tinham óculos verdes. Eu não paguei a nenhum. Sou equitativo e não distingo credores. Também sou romano e grego quando dou a minha palavra. Jurei não pagar.

RODRIGO

O teu pai provavelmente pagou...

PEDRO

As minhas dívidas? Seria virtude mais velha que os heroísmos de Grécia e Roma se o meu pai pagava as minhas dívidas não pagando as dele! Os meus credores devem morrer de espasmo quando souberem que na minha família não há avô que pague pelo filho e pelo neto. Descendo de uma raça insolúvel desde meu vigésimo quarto avô dom Ordonho, príncipe gótico, até mim, que também não pago porque me não chamem gótico, como era meu vigésimo quarto avô dom Ordonho.

CENA 10

OS MESMOS E DONA EUGÊNIA

(Dona Eugênia assoma no limiar de uma porta e faz menção de retroceder vendo um estranho.)

RODRIGO

Entra, Eugênia. *(Ela entra com uma carta aberta.)* Quero apresentar-te ao meu amigo Pedro Gavião Aranha.

PEDRO

Amigo desde o colégio, e de quantos ele teve e tem o mais participante das felicidades em que o venho encontrar depois de quatro meses de ausência.

DONA EUGÊNIA

O Rodrigo já me tinha falado da Vossa Excelência com muita estima; e eu tenho muito prazer em vê-lo nesta casa. *(Voltando-se a Rodrigo.)* Chegou agora esta carta da condessa de Travaços. Vê.

RODRIGO *(depois de a ler mentalmente)*

Pede um convite para o baile... *(refletindo)* Ó Pedro Aranha, como se chamava o sujeito que em Nova Iorque te falou no meu pai?

PEDRO

Jorge de Mendanha.

RODRIGO

Ora ouve lá: *(lê)* "Minha querida senhora. Peço-lhe que obtenha do Rodrigo de Vasconcelos um cartão de convite para um sujeito de fora que foi apresentado ao conde. Chama-se Jorge de Mendanha.

Da sua prima e amiga etc."

PEDRO

Oh! Cá está o homem! E é singular coisa! Quando saí da América estive com ele, e nada me disse de vir a Portugal! Vão Vossas Excelências ver um homem de romance.

DONA EUGÊNIA *(com simplicidade)*

Então quem é esse homem?

RODRIGO *(risonho)*

Essa pergunta assusta-me! Alvoroça-te a perspectiva de um homem romântico?

DONA EUGÊNIA *(sorrindo ingenuamente)*

Nunca vi nenhum...

RODRIGO

Nem a mim? Então que sou eu? Não sou... Sequer romântico!

O CONDENADO

DONA EUGÊNIA

Não; tu, Rodrigo, és bom... Eu li alguns romances no convento; e não encontrei neles a semelhança do teu gênio; e nós lá quando dizíamos que algum sujeito ou alguma senhora eram românticos, não lhes fazíamos elogio algum. Por isso é que eu desejava saber em que opinião se deve ter o tal sujeito que o senhor Pedro Aranha diz que é de romance.

PEDRO

E poderei eu responder-lhe, minha senhora? Jorge de Mendanha é o mistério; é um português com uma cara de beduíno; um velho com uns ares que impõe respeito, e ao mesmo tempo se insinuam no afeto dos moços. É eloquente; mas fala à moda dos áticos. Tem estilo sentencioso, conciso e catedrático. Enfim, minha senhora, estimo grandemente o novo encontro com este homem que se destaca das espalmadas vulgaridades que nos acotovelam nos bailes, nos cafés, nas ruas, em todo este Portugal que é uma espécie de viveiro, onde todos os homens parecem educados para meninos do coro.

RODRIGO *(sorrindo)*

Por exemplo, aqui tens, Eugênia, um menino do coro criado nos viveiros de Portugal. *(Indica Pedro.)*

PEDRO

Pois bem; eu não inculco a minha suficiência para corista; mas é que eu fui reedificar-me, para assim dizer, nos países onde as artes são por tal modo milagrosas que transformam um homem. A civilização anglo-americana é uma espécie de depilatório que descabela os ursos de todas as nações.

RODRIGO

Tudo, portanto, que não foi, como tu, receber da tesoura inglesa uma tosquia, é urso. Obrigado, senhor Gavião Aranha. Dá alvará de urso

Camilo Castelo Branco

aos seus compatriotas, e eu tenho um criado que vinga os seus patrícios anunciando-te como sujeito que tem dois bichos mais ou menos ferozes na sua pessoa.

PEDRO
O quê?

CENA 11

OS MESMOS E JOÃO

JOÃO
   Está lá em baixo uma fidalga num carrão.

RODRIGO
   Num carrão?

PEDRO
   Há de ser carroção. Pois ainda há no Porto fidalgas que se fazem mover por bois?

RODRIGO *(a João)*
   É carroção ou carruagem?

JOÃO
   É, sim, senhor.

RODRIGO

O quê?

JOÃO

É uma destas chirinolas que trazem os mochilas na tampa de diante.

RODRIGO

Chirinolas que trazem os mochilas na tampa de diante. Entendeste, ó Pedro?

PEDRO

Tu deves ter dicionário particular para entender o sujeito. A linguagem tem certo pitoresco e um sabor clássico.

DONA EUGÊNIA *(rindo)*

Fala à moda de Trás-os-Montes.

RODRIGO

Essa coisa é puxada por bois ou cavalos?

JOÃO

São éguas, fidalgo.

RODRIGO *(a Pedro, que ri)*

Este é o criado que te anunciou com dois bichos. *(Para João)* Quem é a senhora?

JOÃO

Um dos mochilas disse que é a senhora dona viscondessa de Pimentel.

RODRIGO *(com as mãos na cabeça, comicamente)*

Ai! Ai! Ai!

O CONDENADO

PEDRO

Pois está no Porto a viscondessa de Pimentel?

RODRIGO

Eu vou recebê-la à portinhola; mas tu depois dispensa-me, Eugênia. Deixas-me fugir, sim, meu amor?

DONA EUGÊNIA *(sorrindo)*

Pois sim. *(Rodrigo e João saem.)*

CENA 12

DONA EUGÊNIA E PEDRO

PEDRO

A viscondessa de Pimentel! Como atura Vossa Excelência esta arara de conserva?

DONA EUGÊNIA

Conheço-a há poucos dias. Encontrei-a em casa da condessa de Travaços e fui visitá-la depois ao hotel de Francfort... É a primeira vez que vem cá.

PEDRO

Mas ridícula até à comiseração, não é verdade?

DONA EUGÊNIA

Não... Faz-me dó! Tenho muitíssima pena das senhoras que se não resignam com a velhice. No convento, onde eu fui criada, muitas senhoras,

O CONDENADO

sendo em tudo exemplares, esqueciam-se de se fazer venerar pela idade; e eu tinha muita compaixão quando se riam delas.

PEDRO

Ela aí está expendida de antiguidade como uma catedral!

CENA 13

Os mesmos, Rodrigo e a Viscondessa de Pimentel

A viscondessa é uma senhora de 50 anos, trajando no requinte da moda e dissimulando a idade com o caio no rosto e cabelos postiços. Nos trejeitos e meneios exagera um desembaraço ridículo, com o intento de afetar o garbo e desenvoltura de rapariga. Entretanto convém que se não desmanche dos modos verdadeiramente palacianos e próprios de esmerada educação e prática da melhor sociedade.

DONA EUGÊNIA *(indo ao encontro da viscondessa)*
    Senhora viscondessa, como está Vossa Excelência?

VISCONDESSA
    Muito nervosa. E a Vossa Excelência? Ontem no teatro deu-me grande cuidado a sua saída no intervalo do segundo ato. Pedi ao primo Travaços que soubesse se algum motivo extraordinário além do *spleen*...

O CONDENADO

Oh! O *spleen*!... É uma calamitosa enfermidade esta, não acha? Depois soube felizmente que o senhor Rodrigo de Vasconcelos dera uma gentil e formosíssima razão da sua saída...

DONA EUGÊNIA

Ah! Sim... Eu saí porque... *(sustendo-se)*

RODRIGO *(a Pedro)*

Porque teve saudades do filho, Pedro Aranha.

VISCONDESSA *(com alvoroço)*

Pedro Aranha! Pois está aqui o senhor Pedro Aranha... Bem me parecia conhecer... Mas, por mais que concentrasse as minhas reminiscências...

PEDRO *(apertando a mão da viscondessa)*

Eu esperava ensejo de poder cumprimentar Vossa Excelência.

VISCONDESSA

Vem de Paris?

PEDRO

Da Suíça, minha senhora.

VISCONDESSA

Da Suíça? País das montanhas colossais, com muitas belezas selvagens e a poesia majestosa e imponente do extraordinário, não é assim?

PEDRO

Sim, minha senhora; há muita poesia grandiosa na Suíça.

VISCONDESSA

Eu amo as soberbas descrições desse país! Já pedi ao visconde que me mostrasse a Suíça; mas o egoísta respondeu que detesta as viagens em nações montanhosas. Há certos espíritos que querem as nações chatas como eles. Quem me dera beber o ar que sacode os cabelos nos píncaros das serranias! É desejo que me devora desde menina. O visconde diz com a mais desgraciosa sensaboria que suba às agulhas do Marão ou da Serra da Estrela onde há muito ar puro. Vejam que curteza de alentos! Para certas almas o ar é ar em toda a parte. Ver o mar do rochedo de Santa Helena ou da Trafaria é igual. Tudo é água: não é assim, senhor Aranha?

PEDRO *(irônico)*

Sempre espirituosa, sempre admirável de crítica e inexorável com o seu bom senso em castigar os espíritos canhestros...

VISCONDESSA

Pois não é assim?

PEDRO

Irrefutavelmente é assim, senhora viscondessa. Eu recebo as ordens da Vossa Excelência *(a dona Eugênia. Rodrigo pega no chapéu.)*

DONA EUGÊNIA

Vão sair? Vem fazer companhia ao Rodrigo e ao pai? A gente espera o senhor Aranha.

PEDRO

Não me dispenso da honra e do prazer, minha senhora.

RODRIGO *(à viscondessa)*

Senhora viscondessa. Eugênia, até logo. *(Beija-a. A viscondessa aperta a mão dos dois que saem.)*

CENA 14

DONA EUGÊNIA E A VISCONDESSA

VISCONDESSA
Teve carta da prima condessa?

DONA EUGÊNIA
Sim, minha senhora.

VISCONDESSA
Jantou ontem conosco um homem sobremaneira excêntrico. É esse Jorge de Mendanha de quem lhe fala a prima. É português e vem de Inglaterra recomendado ao conde – coisa singular! – por um lorde de tal que o primo conheceu em Londres. Disse que estivera em Lisboa há bastantes anos e falou de famílias da primeira ordem como quem as conhecia muito. Perguntei-lhe, quando se tomava o café, se tinha conhecido, nos bailes do marquês de Viana, Francisca de Almeida, que sou eu. Fitou-me com um sorriso indescritível e disse: "conheci". E, se a visse hoje,

conhecê-la-ia? – perguntei eu. "Graças à solidez da sua beleza (disse ele), a viscondessa de Pimentel é ainda a depositária da insigne formosura de Francisca de Almeida". Não podia dizer uma amabilidade com tanto e tão delicado espírito, pois não? Há não sei que de puro parisiense nisto, *un beau trait desprit* não vulgar em português, acha?

DONA EUGÊNIA

Sim... Este amigo do Rodrigo conheceu-o na América inglesa e diz que ele é velho, mas muito romântico... *(sorrindo)*

VISCONDESSA

Velho?! Não, minha senhora... *(Vê-se ao fundo o visconde.)* É homem de quarenta e poucos mais; mas Vossa Excelência há de ver um *gentleman*, um *distingué, un home à bones fortunes* como lá se diz.

CENA 15

As mesmas e o Visconde

VISCONDE *(com mal reprimido azedume)*
A mulher do meu filho não sabe francês, senhora viscondessa.

DONA EUGÊNIA
Ah! O pai!... Estava aí!

VISCONDESSA
Com efeito! É possível que eu tenha o tão desejado júbilo de ver o senhor visconde!? Há que infinitos anos o não vi! Que doce surpresa!... Mas, ao mesmo tempo, *(com a mão na cara, pensativa)* que turbilhão de recordações melancólicas! Vê? Não posso vencer a comoção! *(Leva o lenço aos olhos.)*

VISCONDE *(sorrindo)*
São os meus cabelos brancos e as rugas profundas que a comovem, minha senhora? Ainda bem que Vossa Excelência me não sensibiliza com o espetáculo pungente da decadência, senhora viscondessa.

CAMILO CASTELO BRANCO

VISCONDESSA

Pois creia que padeço infinitamente, visconde. Fora de Lisboa, recobro forças e energia. Eu disse ao Pimentel: quero sair daqui; estou farta disto; Lisboa está estúpida; a vida desta sociedade é a prosa chilra das sociedades gastas, sem feição, toda safada em relevos, um cancã, uma palestra de senhoras vizinhas; enfim, Lisboa acabou-se... A Lisboa do nosso tempo...

VISCONDE *(com intenção irônica)*

A Lisboa dos nossos velhos tempos, minha senhora...

VISCONDESSA *(sem atender à interrupção)*

Resolvi sair instada pelo primo Travaços. Vim, e sinto-me melhor. Acho certa novidade nos costumes, nas maneiras, no *ensemble* da vida portuense. Logo que cheguei e a prima condessa me apresentou esta senhora. Como esposa de um filho do visconde de Vasconcelos, pedi logo que me dessem ocasião de ver a Vossa Excelência.

VISCONDE

Muito grato ao obséquio...

VISCONDESSA

Não me pergunta por alguém de Lisboa, visconde? Não quer saber de alguém?

VISCONDE

Das pessoas que conheci em Lisboa há 25 anos que me dirá Vossa Excelência? Umas morreram, outras envelheceram. Não me parece aprazível o passearmos num cemitério a ler epitáfios de pessoas amigas ou conhecidas; nem Vossa Excelência folgaria de encontrar-se com alguns velhos que encaram a morte espantados e apertam no peito ainda com amor o abutre da saudade.

O CONDENADO

VISCONDESSA

Que fúnebre! Que elegíaco! Vossa Excelência abafa o seu antigo espírito com o peso dos crepes! Aqui está o que faz a aldeia. Eu estive algum tempo no campo, onde o visconde se desterrou, sacrificando-me às experiências agrícolas. Ao fim de oito dias, senhora dona Eugênia, as minhas ideias eram pavorosas. Se me demoro outra semana, morria abafada. Senhor visconde, trate de viver, e deixe à morte o cuidado de o apanhar, quando estiver distraído. Vossa Excelência acha sensato estar-se a gente a ver morrer todos os dias? Eu, não. É uma doidice que não abre as portas de Rilhafoles, nem as da Arrábida, nem as de Cartuxa, visto que se acabaram os frades contemplativos; mas, senhor visconde, olhe que um misantropo da sua espécie dá cabo de si próprio e flagela os outros com as suas visões.

VISCONDE *(irônico)*

Eu sentiria atrozmente se incutia a Vossa Excelência ideias funerais e usurpava à sociedade feliz as alegrias da sua ótima índole, senhora viscondessa.

VISCONDESSA

Vamos... Venha a ironia que me faz lembrar o Heitor de Vasconcelos de há 24 anos. Ria maliciosamente, que eu antes o quero ver assim. A minha querida amiga, entrego-lhe o cuidado de restaurar o espírito do seu pai. Diga-lhe as coisas floridas e rejuvenescedoras que a mocidade sabe dizer. Remoce este ânimo árido e não o deixe voltar à aldeia. E adeus, visconde. Até amanhã. Conversaremos muito... Ah! É verdade! Ó visconde, olhe se se lembra de ter visto em Lisboa um tal Jorge de Mendanha que lá me conheceu há vinte e tantos anos...

VISCONDE

Eu já hoje ouvi aqui falar desse Jorge de Mendanha que estava na América inglesa.

VISCONDESSA

Está no Porto.

VISCONDE

No Porto?!

VISCONDESSA

E vem amanhã ao baile.

VISCONDE

Tenho certa curiosidade de o ver.

VISCONDESSA

É extraordinário!

VISCONDE

Que singularidades são as do homem, viscondessa?

VISCONDESSA

É o *incumpris*!... Tem a auréola do misterioso; o incógnito, o romance. *(O visconde solta um frouxo de riso.)* De que se ri, visconde?

VISCONDE

De mim, por ter a inocente ignorância de me espantar...

VISCONDESSA

Espantar-se! De quê?

VISCONDE

Do entusiasmo juvenil com que Vossa Excelência pinta o homem, que, se nos conheceu há 24 anos, deve ter uma velhice razoável.

VISCONDESSA

Aí vem uma jeremiada sobre a velhice!...

O CONDENADO

VISCONDE

E, se ele é maior de 50 anos e finge o *incumpris*, o incógnito, o romance e tem auréola de mistério, o tal sujeito deve ser ridiculíssimo. Não me tente, minha prezada senhora, que eu sou capaz de vir ao baile para não morrer sem ter visto um homem do nosso tempo com uma auréola de mistério.

VISCONDESSA *(dando-lhe com a luneta no ombro)*

Maganão! Pensa que toda a gente lhe há de fazer cauda na via dolorosa da sepultura! Há muito quem ainda sinta o coração desoprimido sob o peso da consciência; deixe rir alguém para que nos não afoguemos em dilúvio de lágrimas. *(Com intenção.)*

VISCONDE *(pensativo e abatido)*

Eu é que não posso rir-me; mas sei que há corações que não sofrem o peso das consciências que nada pesam.

VISCONDESSA

Adeus, minha querida amiga. Adeus, visconde... Ah! Que não me esqueça furtar-lhe duas camélias do seu jardim, que as vi lindíssimas quando vinha subindo.

DONA EUGÊNIA

Sim, minha senhora, vamos colher quantas Vossa Excelência quiser.

VISCONDESSA

Eu amo infinitamente as camélias. As senhoras do Porto mereceram da providência dos jardins muito mais amor que as de Lisboa. *(Saem. O visconde senta-se alquebrado.)*

CENA 16

O Visconde e depois João

VISCONDE

Há muito quem ainda sinta o coração desoprimido sob o peso da consciência, disse ela. Bem sei, bem sei onde apontavas a frecha... Estas alusões morais e penetrantes ressaltam às vezes das consciências mais diluídas. Receio que esta mulher conte a Eugênia o meu passado...

JOÃO *(entrando com o "Comércio do Porto"; e, como não vê o visconde, que o espaldar da poltrona encobre, olha em redor)*

Não enxergo ninguém. *(Começa a ler, e vai sentar-se noutra poltrona, que tem as costas voltadas para a do visconde.)* Deixa-me ver se ainda leio por cima. Acho que é inglês, isto. Será? Não me parece. Quem sabe ler nestes coisos é cá o meu primo Joaquim, que já foi entregador ou redator ou não sei quê de uma trapalhada destas. *(Lendo no alto da primeira página)* Po, lí, po, lí, ti, ca, in, ter, na. Polítea eterna. Isto acho que é a respeito da religião, ou lá da eternidade do outro mundo. Vamos ver o que diz

O CONDENADO

dos governos: *(Lendo na quarta página)* Rolhas e palitos, rua da Ferraria, 46. *(Soletrando)* Não é aqui. Há de ser mais abaixo, *(lendo)* Línguas de bacalhau, em Cima do Muro. Línguas de bacalhau! Isto é chalaça aos deputados... *(O visconde tosse. João levanta-se atrapalhado, deixa o jornal sobre a cadeira e sai da sala derreando-se para não ser visto. Ao mesmo tempo vem entrando dona Eugênia por outra porta.)*

CENA 17

Visconde e Dona Eugênia

DONA EUGÊNIA *(aproximando-se da cadeira e inclinando-se com meiguice)*
Como está triste! Que tem, meu pai?

VISCONDE *(erguendo-se)*
Grande pesar de já ter sido alguma hora alegre, minha filha.

DONA EUGÊNIA
Parece que a visita da viscondessa o contrariou.

VISCONDE *(pegando do "Comércio" e lendo mentalmente ao mesmo tempo que conversa)*
O conhecimento desta senhora não lhe convém, Eugênia. Estas mulheres, emancipadas da opinião pública aos 20 anos, não costumam ser as mais úteis amigas na velhice.

O CONDENADO

DONA EUGÊNIA

Amiga! Eu apenas a conheço, e não sinto a menor inclinação para ser amiga de tal senhora.

VISCONDE *(lendo sempre. Declamação vagarosa)*

Quando a viscondessa quiser contar-lhe as muitas histórias que ela deve saber da vida de Lisboa, mostre-se a minha filha inteiramente descuriosa de as saber. Esteja de prevenção. Eugênia, acautele-se das mulheres que não têm outra virtude sabida senão a de murmurar dos vícios alheios. A viscondessa creio eu que não murmura. Hipócrita nunca ela foi. Mas conta, folga de contar: tira dos bastantes anos que tem o partido possível, como quem se preza de conhecer o romance dos últimos trinta anos de Lisboa. Além disto, há de a minha filha observar que certas damas contam histórias de péssima moral acontecidas com muitas das suas amigas. O seu industrioso plano é dar a perceber que o vício está por tal forma naturalizado que já não há razão para espantos nem sequer para censuras. Ora eu muito queria que a minha filha soubesse de mim somente que na sociedade habitual da viscondessa de Pimentel as teses de moral são assim todas pouco mais ou menos. *(Suspende-se subitamente. Vivamente agitado, fixa atentamente o que está lendo, enquanto Eugênia se entretém tocando em qualquer adorno das mesas. O visconde serena-se com grande esforço e disfarce. Depõe o jornal, e toma o chapéu. Dona Eugênia tem reparado na comoção do visconde.)* Até já, Eugênia.

DONA EUGÊNIA

O pai está tão pálido!

VISCONDE

Pálido! Não sei o que seja!

DONA EUGÊNIA

Sente-se doente?

VISCONDE

Não, minha filha... Isto são acessos de hipocondria... Vou tomar ar ao jardim. Volto já. *(Sai.)*

CENA 18

DONA EUGÊNIA *(SÓ)*

Ele ia tão mudado e sobressaltado! E estava a ler com tanta inquietação! Que seria? Que viu ele neste jornal?! *(Pega do jornal e corre os olhos pela primeira página.)* Que é isto? *(estremecendo)* Este nome... Jácome da Silveira! *(Faz menção de ler agitadamente, e lê alto.)* Cego pela paixão feroz do ciúme matou... Pois ele vive, meu Deus! Que comoção tão funda eu sinto! Que anciã! Que susto de que esta notícia me traga desventuras! *(Lendo)* Jácome da Silveira... Dona Marta de Vilasboas! São estes os nomes!... O desgraçado vive!... Ainda o verei? E poderia amá-lo se o visse? Oh! Não... Eu vejo sempre o cadáver dela... *(Senta-se a soluçar.)*

CENA 19

DONA EUGÊNIA E RODRIGO DE VASCONCELOS

(Eugênia forceja por limpar as lágrimas.)

RODRIGO (reparando)
   Estavas chorando, filha?

DONA EUGÊNIA
   Estava.

RODRIGO
   Por quê? São as primeiras lágrimas que te vejo.

DONA EUGÊNIA
   É verdade...

RODRIGO
   Mas por que choras, Eugênia? Tu estavas lendo neste jornal...

O CONDENADO

DONA EUGÊNIA

Sim, estava... Vem aí uma história muito triste.

RODRIGO *(procurando no fundo do jornal)*

No folhetim? Pois os romances fazem-te chorar, criança?

DONA EUGÊNIA

Não é romance; é aqui. *(Indicando-lhe o alto da primeira coluna.)*

RODRIGO

Aqui na Correspondência de Paris? *(Ela faz um gesto afirmativo.)* Pois que é? *(Correndo com os olhos alguns períodos, balbucia ininteligíveis palavras, e depois lê.)* "Contar-lhe-ei um sucesso digno de atenção, e de algum modo romântico, se bem que procede de um lance de tragédia." É aqui?

DONA EUGÊNIA

É.

RODRIGO *(lendo)*

"Um cavalheiro português, que ontem encontrei no Bois de Bologne, me mostrou um sujeito que ia passando sozinho, triste e vagaroso. E depois me contou o seguinte caso que teceria o enredo de um bom romance, se caísse na oficina de Alexandre Dumas. Há duas dúzias de anos, pouco mais ou menos, um homem de consideração, residente em Lisboa, de nome Jácome da Silveira, casado com uma distinta e formosa senhora, chamada Marta de Vilasboas, cego pela paixão feroz do ciúme, matou a esposa. Poucas horas depois, apresentou-se ao governador civil declarando que matara sua mulher. Interrogado sobre os motivos do crime, respondeu que não tinha obrigação, vontade, ou necessidade de declarar o crime da senhora morta, porquanto já estava castigada, e a memória dela não esperava da sociedade estigma nem reabilitação. Perguntado

CAMILO CASTELO BRANCO

como é que se apresentava, respondeu: "Como homem que matou". Na qualidade pois de homicida voluntário com premeditação foi Jácome da Silveira encarcerado, julgado e sentenciado em vinte anos de degredo para África, em atenção não sabemos a que circunstâncias atenuantes. A sociedade de Lisboa, o júri e o juiz que o julgaram e sentenciaram sabiam de sobejo que dona Marta de Vilasboas morrera criminosa. O cúmplice da adúltera era conhecido. Constava que o réu encontrara superabundantes provas do crime, as quais valeriam tanto na consciência do júri como o flagrante delito. Todavia, como Silveira teimou pertinaz e loucamente em não declarar o crime da sua mulher, a condenação era inevitável, a não estar o júri, como não estava, à altura da tão infeliz quanto generosa alma do réu. Jácome da Silveira era rico. Todos supuseram que ele se transferisse de África para onde bem quisesse, sobrando-lhe recursos com que armar navio que o transportasse à Europa ou América do Norte, a não querer antes levantar-se com o senhorio de Angola e proclamar-se rei de aquém e de além mar em África, etc. Estas conjeturas eram indignas do nobre e excêntrico ânimo do condenado. Jácome cumpriu a sentença; completou 20 anos de degredo; e, cobrando alvará de soltura, passou ao coração da Europa, e nomeadamente ao Bois de Bologne, onde ontem o vi. Tanto quanto de relance o pude ver, deixou-me uma impressão melancólica.

"Naquele rosto de bronze, transluzia desta história a página que escreveram lágrimas choradas por espaço de 24 anos. Na história há duas vítimas, e um infame. Deste personagem não lhe sei dizer o nome. Esse talvez tenha envelhecido sossegadamente em Portugal, e esteja lendo com olhos enxutos esta notícia". *(Declama.)* Mais nada. Saibamos agora por que choraste, Eugênia?

DONA EUGÊNIA

Por que chorei!? Não foi tão infeliz e triste a sorte desta senhora?!

O CONDENADO

RODRIGO

Triste? Decerto foi; mas não era justo que fosse alegre. Esta mulher desonrou o marido: foi punida. Ela matou um coração honrado; ele matou um corruto. Não há comparação racional entre os dois delitos. Se tu chorasses por ele, que sofreu primeiro a desonra, e depois a condenação a degredo de vinte anos!... As tuas lágrimas poderiam revelar a piedade abraçada à justiça; mas chorar pela criminosa que...

DONA EUGÊNIA *(atalhando-o)*

Tens razão... Perdoa às minhas lágrimas... Em poucas palavras me fizeste compreender a desgraça desse infeliz.

RODRIGO *(pausadamente)*

Pois não é assim, filha? Primeiro, a afronta recebida no coração; depois o aviltamento do amor-próprio e os risos insultadores do mundo; depois o horrendo trance da morte com as angústias infernais que deviam lacerar-lhe a alma; depois o cárcere e a sentença; depois vinte anos sem pátria; e finalmente...

CENA 20

Os mesmos e o Visconde

VISCONDE
Que estavas tu dizendo tão comovido, Rodrigo?

RODRIGO
Conversávamos a respeito desta notícia, meu pai. *(Mostra-lha no jornal.)*

VISCONDE
Já vi.

DONA EUGÊNIA
Parece-me que o pai também a leu com amargura.

VISCONDE
Li... Na sala de espera, Eugênia, estava alguém agora a procurá-la.

DONA EUGÊNIA
Sim? Eu vou. *(Sai.)*

ÚLTIMA CENA

Rodrigo e o Visconde

VISCONDE

Pungiu-te essa notícia, Rodrigo?

RODRIGO

Eugênia é que estava chorando de compaixão da mulher que o marido matou.

VISCONDE

Deixasse-la chorar, coitada! Essa mulher, que morreu, foi uma virtuosa esposa como Eugênia.

RODRIGO

Então morreu inocente?

VISCONDE

Não.

CAMILO CASTELO BRANCO

RODRIGO

Nesse caso, o confronto não lisonjeai minha mulher...

VISCONDE

Eu ia dizer-te que dona Marta entrou inocente num baile; e, quando saiu, sentia a febre da paixão que antecede a morte do brio e do pundonor. Estava nesse baile um homem de perversidade contagiosa. Lê as últimas linhas dessa correspondência, aí onde começa: Na história há duas vítimas e...

RODRIGO *(lendo)*

"Na história há duas vítimas e um infame. Deste personagem não lhe sei dizer o nome. Esse talvez tenha sossegadamente envelhecido em Portugal, e esteja lendo com olhos enxutos esta notícia."

VISCONDE *(comovido até às lágrimas)*

Vês os meus olhos enxutos? Repara, filho, que eu estou chorando...

RODRIGO

Está; mas que querem dizer as suas lágrimas?!

VISCONDE

Querem dizer que o infame, de que fala essa notícia, é... o teu pai. *(Rodrigo estremece. Corre o pano.)*

FIM DO PRIMEIRO ATO

SEGUNDO ATO

A sala do primeiro Ato. Ouve-se música que vem soando das salas, onde se dança. Damas e cavalheiros cruzam nesta sala, mas no segundo plano.

CENA 1

Viscondessa de Pimentel e o Conselheiro José de Sá

VISCONDESSA

Surpresa assim! José de Sá num baile do Porto! Encontrar-me há quinze dias no Chiado, e não me diz que vem ao Porto. Criatura mais misteriosa, com vislumbres de romântica, nunca vi! E estar no Francfort, meu companheiro de hotel, sem eu saber! Há quantos anos o não encontro em bailes, conselheiro? Deixe-me ver se me lembro... Foi, foi, foi há...

JOSÉ DE SÁ

Há vinte e dois anos, minha senhora.

VISCONDESSA

Mas que maravilhosa conversão foi esta? Como é que Vossa Excelência depois de duas dúzias de danos de um anacoretismo selvagem, volta aos bailes, a estes pedaços modernos da Babilônia antiga?

JOSÉ DE SÁ *(sorrindo)*

Milagres de amor, senhora viscondessa, acho eu. Há amores que rebentam no inverno da vida como os tortulhos com as primeiras chuvas; e, como não achem coração onde se hospedem dignamente, recolhem-se à cabeça, e tamanhos estragos lá fazem que não é raro ver em bailes muitos doudos que trazem nos miolos um cupido mais destruidor que um rato em queijo de cabeça de preto.

VISCONDESSA

Vejo que fez conserva da linguagem pitoresca doutro tempo!

JOSÉ DE SÁ

Pois está claro; nas nossas idades... Quero dizer, na minha idade, são tudo sequeiros e conservas... O coração, como eu o sinto, é verdadeiramente uma beterraba já curtida...

VISCONDESSA

Pois sim, mas não zombe do amor, que não perdoa sarcasmos... Olhe que a ocasião é de grande perigo... Veja, veja, o que aí vai de belezas... *(apontando para as senhoras que vão passando)*

JOSÉ DE SÁ *(mirando-as com a luneta)*

É verdade. Bem vejo. Ó minha querida senhora viscondessa, defenda-me com o seu bom conselho. Diga-me de que Circes devo acautelar-me.

VISCONDESSA

De todas.

JOSÉ DE SÁ

De todas? Pois também Vossa Excelência terá a crueldade de não poupar uma antiga vítima dos seus desdéns? Constituamos o diálogo em pleno reinado d'el-rei nosso senhor Dom João V.

O CONDENADO

VISCONDESSA (irônica)

E quem tem um espírito deste tamanho andou vinte e dois anos por fora dos bailes!

JOSÉ DE SÁ *(rápido)*

Para o não perder, minha senhora.

VISCONDESSA

Diz bem. O espírito aqui perde-se. Esta gente nova parece que sai bronca dos colégios. Aprendem línguas estrangeiras para falarem com espírito e guardam o português para dizerem sensaborias. Vai ver. Entre por essas salas; encontra cinquenta galantes meninas de uma enxabidez monumental. Espírito! Foi tempo. Não há hoje em dia quem saiba conversar cinco minutos sem justificar o mais sincero abrimento de boca.

JOSÉ DE SÁ

Espírito de papoulas, não, minha senhora? Excelente coisa! Eu durmo há muito tempo ajudado pelos artigos de fundo das gazetas. Se eu pudesse adormecer acalentado pelas sensaborias dos anjos, trocaria a insipidez dos anjos pelo sal dos políticos.

VISCONDESSA

Ai! Políticos! Não me fale em política que me estorce os nervos! Pois não sabe que o visconde por causa da candidatura do meu cunhado me fez ir a Setúbal dirigir as eleições contra o governo?

JOSÉ DE SÁ

Vossa Excelência fez as eleições em Setúbal? Isso tem graça; acho-lhe um sal, mais sal do que Setúbal exporta! Vossa Excelência fez eleições?

VISCONDESSA

Fiz.

JOSÉ DE SÁ

E venceu?

VISCONDESSA

Venci.

JOSÉ DE SÁ

Está claro. Venceu. O amor vence tudo, inclusive as eleições. Um ou dois raios de amor despedido por olhos ardentes sobre a urna fariam o prodígio de converter em ministerial o deputado oposicionista. Mas, ó querida viscondessa, Vossa Excelência não receou que os irritados manes de Bocage a satirizassem em Setúbal?

VISCONDESSA

Satirizar-me, por quê?

JOSÉ DE SÁ

Pois uma senhora toda poesia, toda flores, toda céu, a combinar com as fações o arranjo de um deputado, há aí coisa que deva recear-se mais da sátira bocagiana? Uma dama política! Uns dedos finos e cor de rosa, afeitos a volver as páginas do livro do coração, a profanarem-se na entrega das listas de costaneira! Ó muito ilustre e muito prezada minha amiga, posto que Vossa Excelência qual outra Judite venceu o Holofernes administrativo de Setúbal, não posso deixar de lhe dizer que, se a Vossa Excelência e as suas correligionárias começam a fazer política, eu e os meus correligionários teremos de fazer meia. Este país é muito pequeno, e a custo dará política para o sexo feio.

VISCONDESSA

Já vejo que o senhor conselheiro continua a considerar a mulher uma incapacidade para os atos do espírito.

O CONDENADO

JOSÉ DE SÁ

Não, minha senhora. Eu sou obrigado a confessar que há senhoras inteligentíssimas e com grande capacidade.

VISCONDESSA

Mas com inteligência somente honorífica. Concedem-nos a honra da inteligência; mas sem exercício... Obrigadíssimas, rei da criação, obrigadíssimas... *(Reparando)* Ah! Aí vem o Jorge de Mendanha, conhece?

JOSÉ DE SÁ *(intencionalmente)*

Não conheço Jorge de Mendanha.

VISCONDESSA

E não se lembra de ter conhecido este nome?

JOSÉ DE SÁ

Não conheci.

VISCONDESSA

Eu apresento-o!

JOSÉ DE SÁ *(à parte)*

Tem graça a apresentação...

CENA 2

Viscondessa, José de Sá, Dona Eugênia, Jorge de Mendanha

VISCONDESSA (a Jorge)
 Apresento o senhor conselheiro José de Sá, cavalheiro pertencente à mais seleta sociedade de Lisboa. Talvez conhecesse Vossa Excelência *(indicando Jorge)*. O senhor Jorge de Mendanha. É natural que já se hajam visto... *(Os apresentados apertam-se as mãos, fixando-se de um modo que deixa entrever disfarce.)*

JOSÉ DE SÁ
 Certamente.

VISCONDESSA
 Em Lisboa? *(Sinal de começar-se uma polca. Rodrigo oferece o braço à viscondessa, e Aranha, a dona Eugênia. Movimento de pares que atravessam rapidamente.)*

O CONDENADO

RODRIGO *(oferecendo o braço)*

É a terceira polca, minha senhora.

VISCONDESSA

Ah! Sim? Vamos...

DONA EUGÊNIA *(com distração a Pedro Aranha)*

Sou seu par, senhor Aranha?

ARANHA

Sim, minha senhora; mas, se a Vossa Excelência...

DONA EUGÊNIA *(desprendendo-se do braço de Jorge)*

Desculpe, pensei que... *(Saem os dois pares.)*

CENA 3

JORGE E JOSÉ DE SÁ

JOSÉ DE SÁ

Que vieste, afinal, fazer aqui?

JORGE

Ver como se houve a Providência neste pleito que eu terminei com a sociedade. Fui condenado. Apelei da iniquidade da terra para a justiça do céu. Agora, vim ver como a justiça do céu sentenciou. Quero ver, face a face, e sem que me conheçam, o homem que matou a alma da mulher que a sociedade disse que morreu às minhas mãos. Morta estava ela. Matou-a quem a cobriu de opróbrio: matou-a o infame que eu venho procurar nestas salas, vinte anos depois que ofereci a minha sentença de desterro à suprema alçada de Deus. Vejamos, pois, o que Deus fez dele. Por ora, o que presenciamos, meu amigo, faz-me desconfiar que a justiça celestial não desce a sujar as suas balanças neste lamaçal da terra. *(Sorrindo)* Suspeito que o meu recurso de revista foi lá em cima julgado

O CONDENADO

por desembargadores que fazem obra pela jurisprudência que levaram de cá. *(Triste e concentrado)* Ainda o não vi; mas sei que estou nas suas opulentas salas. Aqui decerto não mora a desgraça. Os infelizes não acendem tantas serpentinas para se mostrarem. O homem que depravou Marta e atirou às mãos da minha vingança esse cadáver, Heitor de Vasconcelos vive! Nobilitaram-no com uma coroa de visconde, saborear-se nas doces quimeras que esmaltam o ouro da vida; e, de mais disso, tem um filho que lhe regala a velhice com estas músicas e danças. *(Ouve-se a orquestra, por um breve espaço, durante o qual Jorge medita concentrado. Depois a música descai para uma toada triste e como remota acompanhando a declamação.)* E o condenado fui eu. Abri-lhe as portas da minha casa, levei-o ao íntimo do meu lar, pus na sua mão a de uma mulher que eu adorava, dizendo a ambos que se dessem os parabéns da minha felicidade. E ele empestou-lhe a alma, insinuou-lhe no coração o despejo, e a infernal coragem de me trair e matar. Matou-me. Quem foi dos três o desgraçado? E ela jaz onde a infâmia lhe não pesa. Eu venho de arrastar meia existência debaixo de um céu maldito. Heitor de Vasconcelos envelheceu: placidamente lhe corre a vida debaixo destes tetos expendidos e por sobre estas alcatifas aveludadas. A sociedade respeita-o. Nos seus salões estão os sábios, os virtuosos, os ricos, e também o pai de famílias com as suas filhas, e os maridos com as esposas sem mácula. O condenado fui eu. Perdi a mulher que amei, perdi a honra que amava mais, lavei o sangue das minhas mãos com lágrimas em vinte meses de cárcere, e vinte anos sem pátria. Aqui estou. Venho ver o que a divina Providência me diz deste homem que voltou as costas à sepultura da mulher que ambos matamos... Ao infame que envelheceu feliz. Respondi, José de Sá. Não me perguntes mais o que vim aqui fazer.

CENA 4

OS MESMOS E A VISCONDESSA PELO BRAÇO DE RODRIGO

VISCONDESSA *(descendo para o proscênio)*
Mas o visconde não vem, senhor Vasconcelos?

RODRIGO
O meu pai prometeu vir, se bem que ainda ao anoitecer estava na cama bastante incomodado e com tenções de ir esta madrugada para a província.

VISCONDESSA
Incomodado de quê? Ainda ontem o vi com bastante animação; mas, em verdade, muitíssimo abatido de espírito está ele! O senhor conselheiro não viu há muito o visconde de Vasconcelos?

JOSÉ DE SÁ
Há vinte e três anos, minha senhora.

O CONDENADO

VISCONDESSA

Então não o reconhece sem que lho mostrem.

RODRIGO *(à viscondessa)*

Vossa Excelência quer aqui ficar? *(sorrindo)* Eu não posso deixar de ir ser testemunha das incomodidades que Vossas Excelências sofrem nesta casa. Senhor Jorge de Mendanha, eu folgaria que um baile no Porto não entediasse antes da meia-noite o cavalheiro que vem dos salões de Paris.

JORGE

Dos areais da África, senhor Vasconcelos.

RODRIGO

Mas também viajou na Europa...

JORGE

Na volta da África, passei por algumas cidades da Europa: mas não frequentei bailes; e, quando os visse, quer-me parecer que as salas da Vossa Excelência não poderiam temer-se da confrontação.

RODRIGO

Ó senhor Mendanha... *(Rodrigo fica gesticulando com Jorge.)*

VISCONDESSA *(que tem estado a conversar com José de Sá)*

Nada, polcas não quero mais. Bate-me o coração espantosamente. Olhe este pulso, senhor Sá.

JOSÉ DE SÁ *(apalpando-lhe o pulso)*

Valentíssimo! É o palpitar dos 18 anos, é vida, é sangue que pula, que polca num coração ainda rijo. Eu iria jurar que Vossa Excelência tem um aneurisma...

CAMILO CASTELO BRANCO

VISCONDESSA

O quê?

JOSÉ DE SÁ

Um aneurisma de amor, não se assuste. A viscondessa já sabe que não se morre de tais aneurismas.

VISCONDESSA

Acha? Este Sá é o contraste do seu pai, senhor Rodrigo. O visconde é a elegia, este é o madrigal. Olhe o que faz viver no Chiado em Lisboa ou nas Matas de Trás-os-Montes! Veja o espírito folgazão deste rapaz...

JOSÉ DE SÁ

Ó cruel! Pode caber tamanha vingança em alma tão doce? Chegamos a um tempo em que até os favos de mel se azedam! Não me disse ainda há pouco, minha muito contraditória senhora, que eu tinha vivido duas dúzias de anos como anacoreta selvagem?

VISCONDESSA

Fora dos bailes; mas dentro de Lisboa, onde os espíritos remoçam e esvoaçam como...

JOSÉ DE SÁ

Como morcegos nas torres da Conceição velha.

VISCONDESSA *(a Rodrigo)*

Olhe, olhe esta fecundidade! O que eu queria era ver seu pai assim galhofeiro, senhor Vasconcelos.

RODRIGO *(sorrindo, a retirar-se)*

Pois eu logo que o veja, senhora viscondessa... Pode ser que o duelo de espírito em que Vossas Excelências tão destramente se batem, produza no meu velho e melancólico pai uma inveja salutar. *(Sai.)*

CENA 5

Jorge, Viscondessa e José de Sá

VISCONDESSA *(acautelando-se de que a ouçam os que atravessam a sala)*
    Ó conselheiro, lembra-se perfeitamente da parte que teve o Vasconcelos naquela tragédia do Largo do entendente? Ora se lembra!

JOSÉ DE SÁ
    Naquela tragédia... Ah! Sim... Não recordemos, não recordemos...

JORGE
    Recordemos... Eu gosto de ouvir tragédias.

VISCONDESSA
    Se Vossa Excelência esteve em Lisboa há vinte e tantos anos há de lembrar-se de uma senhora que o marido matou por ciúmes...

JORGE
    Injustos?

VISCONDESSA

Isso não. Ela amava sem dúvida nenhuma este visconde de Vasconcelos. Não se recorda?

JORGE

Tenho uma vaga lembrança.

VISCONDESSA

Como se chamava ele? O marido? Lembra-se, José de Sá? Espere... Era Silveira, não era?

JORGE

Conheceu-o Vossa Excelência?

VISCONDESSA

Não. Quem conheci muito foi ela. Estivemos ambas no colégio de *mademoiselle* Duchateaux, no Rato. Era lindíssima a pobre Marta de Vilasboas! Nunca vi o marido, porque nunca a visitei depois que casou, visto que não recebi parte do casamento. Ofereceu-se-me ensejo de o conhecer em alguns bailes onde concorremos, mas nem o vi nem desejei conhecê-lo desde que me asseveraram que ele fizera uma rigorosa seleção das amigas da sua mulher, receando que as amigas mais desempoadas a despenhassem no abismo. *(Rindo)* Há assim muitos maridos que rodeiam as mulheres de anjos; mas Satanás, que é indisputavelmente mais esperto que os anjos e gosta de lutar com as dificuldades, consegue às vezes pregar logros verdadeiramente infernais aos maridos, deixando os anjos tristes e até certo ponto comprometidos. É o que aconteceu às irrepreensíveis amigas da pobre Marta – umas criaturas que andaram pelas igrejas a orar por alma dela, como se precisassem introduzi-la no céu, para poderem alegar um exemplo no seu favor no dia do juízo...

O CONDENADO

JOSÉ DE SÁ

Intrépida língua, senhora viscondessa! Espada de dois gumes!

VISCONDESSA

A minha língua não é intrépida, é portuguesa.

JOSÉ DE SÁ

Seja; mas os mortos que durmam em paz.

JORGE

Mas eu pediria à senhora viscondessa que me relacionasse com todos os mortos que deixaram na terra memórias trágicas. Terá Vossa Excelência a bondade de satisfazer a curiosidade de um homem cuja atenção só pode ser cativa de grandes desgraças? *(José de Sá com ar de enfado vai ao fundo e torna.)*

VISCONDESSA

Sim, eu resumo a história em duas palavras para não ferir a sensibilidade do senhor conselheiro. Marta apaixonou-se por este Heitor de Vasconcelos, homem perigoso que o Silveira recebeu na sua intimidade. Não sei bem como o marido suspeitou a perfídia ou intercetou a correspondência. O que penso é que Marta não soube esconder a culpa na máscara daquela santa hipocrisia que costuma escrever nas sepulturas os epitáfios de algumas excelentes esposas, que eu conheço, e o conselheiro também conhece, não acha?

JOSÉ DE SÁ

Eu conheço muitas esposas excelentes.

VISCONDESSA

Mascaradas?

Camilo Castelo Branco

JOSÉ DE SÁ *(apontando para dona Eugênia, que vem entrando pelo braço de Pedro Aranha)*

Aí tem um modelo de esposos.

VISCONDESSA

Casou há ano e meio.

CENA 6

Os mesmos, Dona Eugênia e Pedro Aranha

DONA EUGÊNIA
Eu andava procurando Vossas Excelências. Fogem do bulício? Tomara eu também fugir.

PEDRO *(a dona Eugênia)*
A senhora viscondessa é hoje muito generosa com a Vossa Excelência.

DONA EUGÊNIA
Sim? Pois quando deixou de ser generosa a senhora viscondessa?

PEDRO
Se Vossa Excelência quiser, despovoa-lhe as salas onde se dança. Basta anunciar-se que a senhora viscondessa está aqui derramando as pérolas do seu espírito.

VISCONDESSA

Cuida que está lisonjeando uma feme savante de Molière este Trissotin em formato pequeno! Este senhor Aranha que tem mais peçonha que o apelido quando quer ter um espírito de ventosa.

PEDRO

Eu sou das aranhas que não tecem a sua teia em todas as ruínas.

JOSÉ DE SÁ *(à parte)*

Bravo! Estão bonitos!

DONA EUGÊNIA *(ouve-se a orquestra)*

Vai dançar-se, senhora viscondessa.

VISCONDESSA

Eu não vou dançar, minha querida. Fico por aqui a reconstruir o passado com o auxílio das reminiscências do senhor conselheiro Sá. Estou a imaginar-me com 22 anos. Isto é bom e inocente recreio. Se a gente retrocede alguns anos, acha-se em sociedade de menos parvos.

DONA EUGÊNIA *(a Jorge)*

E Vossa Excelência está triste?

JORGE

Ó minha senhora, não...

DONA EUGÊNIA

Está; pois eu não vejo? Parece-me que ama tanto os bailes como o pai de Rodrigo e como eu...

PEDRO *(ao novo sinal da mazurca)*

Vamos, minha senhora? *(Saem. Movimento dos pares atravessando no corredor.)*

CENA 7

Viscondessa, Sá e Jorge

VISCONDESSA

Já viram uma sinceridade mais infantil? A dona do baile a dizer-nos que não gosta de bailes? Tanto importa como declarar-nos que a nossa companhia lhe é mediocremente agradável; não acham?

JORGE

Esta senhora parece-me boa, triste, mas realmente pouco habituada às salas. É do Porto?

VISCONDESSA

Nada, não é; mas eu também não sei donde seja. Este casamento de Rodrigo dá dois capítulos para um romance sem-sabor como se escrevem em Portugal.

JORGE

Os romances portugueses pode ser que sejam sem-sabores; mas as tragédias têm um não sei quê de irritante, um acre de sangue... Vamos à tragédia, senhora viscondessa, à tragédia interrompida.

VISCONDESSA

Pois eu não concluí?

JORGE

Não, minha senhora. Vossa Excelência chegou ao ponto em que...

VISCONDESSA

Em que o marido a matou. Ela morreu envenenada, e ele entregou-se à justiça. Ajude-me a recordar, senhor José de Sá? Que explicações deu o Silveira matando a mulher e deixando viver o Vasconcelos?

JOSÉ DE SÁ

Silveira não deu explicação alguma, senhora viscondessa.

VISCONDESSA *(com ímpeto)*

Ai! Ai! Ai! A quem eu estou contando a história... Ainda agora me lembro! Ora esta! Pois Vossa Excelência não era o amigo íntimo de Silveira? Não passava os dias com ele no Limoeiro?

JOSÉ DE SÁ

Passava, minha senhora.

VISCONDESSA

Então aqui tem o melhor informador que Vossa Excelência podia encontrar. Conte o que sabe, conselheiro. É verdade, queira dizer-me: a filha de Marta de que tomou conta a Maria da Glória Vilasboas, que é feito dela, sabe?

JOSÉ DE SÁ

Não sei.

VISCONDESSA

Então que sabe? Esta ignorância é singular, por não dizer irrisória! Querem ver que a candura deste varão se está insurgindo contra uma história de corrupção social.

O CONDENADO

JOSÉ DE SÁ *(sorrindo)*

Isto não é candura, minha senhora. Eu estou corrompido bastantemente para não ser tolo. Na nossa sociedade, minha viscondessa, as canduras apodreciam antes de florir inocências tamanhas. Declaro a Vossa Excelência que não sei o que é feito da filha de dona Marta de Vilasboas. Mas que insistência, senhora! Tendo Vossa Excelência tantas flores e tantas coisas cheias de vida e de luz no seu espírito; para que há de estar enlutando a sua gentil conversação com umas memórias em que há lágrimas a respeitar e infâmias a perdoar?

JORGE *(severamente)*

A perdoar!

VISCONDESSA

E eu acuso alguém! O senhor está esquisito! Eu não sei se a Humanitária dá medalhas aos sentimentalistas como Vossa Excelência. Este senhor se vir representar o *Otelo* de Shakespeare sai do teatro para não ver historiada a infelicidade de Desdêmona e a cólera bárbara do marido. É capaz de os ir acusar à polícia!

JOSÉ DE SÁ

Eu não me retirava do teatro nem iria acusar à polícia as adúlteras mortas visto que não acuso as vivas; não sairia do teatro; mas, em vez de olhar para o palco, olharia para as senhoras. Que contemplam sem empalidecer o horrendo trance da morte de Desdêmona; e, na seguinte noite, irão ver no mesmo palco representar uma comédia em que se zombe de um marido desonrado e se mova a piedade das platéias a favor da adúltera e do seu cúmplice.

VISCONDESSA

Ótimo! Isso é bom, bonito e eloquente. Mas eu, se não desmaio quando vejo as agonias fantásticas das pecadoras no teatro, também me não rio dos maridos escarnecidos nem me comovo pela desventura daquelas que fizeram do seu coração um filtro de peçonha e de infames lágrimas. Quando Marta de Vilasboas foi morta, eu não fui das que se vestiram de luto e andaram pelas igrejas a fazer-lhe uns baratos sufrágios pela alma e formavam grupos nos adros execrando a ferocidade do homem que não pôde dispor da pacífica tolerância dos maridos que acompanharam às igrejas as devotas esposas. Se eu tivesse a fé que ensina a rezar pela salvação das almas, rezava em casa. Não indo à igreja nem saindo a irritar ódios contra o infeliz marido de Marta, penso que respeitei bastantemente a desgraça de ambos. E, se as minhas orações valessem perante Deus, eu pediria perdão para ela e misericórdia para ele.

JORGE

Esse grande desgraçado, se ouvisse a senhora viscondessa, pensaria que houve no mundo duas pessoas que choraram por ele...

VISCONDESSA

Eu, que tinha sido excluída das relações de Marta, fiz mais, senhor Mendanha. Sabia que existia uma menina de 3 anos, quando a minha amiga de infância morreu. Fiz inúteis esforços para descobrir a paragem da menina. Se tivesse encontrado em desamparo a filha de Marta, levá-la-ia para minha casa... *(Momentos antes Eugênia e Pedro Aranha têm entrado na sala que vão atravessando, e Eugênia aplica o ouvido ao que se está dizendo: e solta com sobressalto uma exclamação quando a viscondessa termina.)*

CENA 8

Os mesmos, Pedro, Dona Eugênia

DONA EUGÊNIA
   Ah!

PEDRO
   Que tem Vossa Excelência?

DONA EUGÊNIA *(aproximando-se do grupo com dissimulado sossego)*
   Vossas Excelências estavam conversando a respeito de...

VISCONDESSA
   De frivolidades, minha senhora.

DONA EUGÊNIA *(com muito embaraço)*
   Cuidei que ouvi proferir um nome que... Vossas Excelências diziam coisa que eu não devo ouvir... A minha chegada perturbou a senhora viscondessa.

VISCONDESSA

Não, minha senhora. Estava-se conversando e recordando coisas antigas... A sociedade de Lisboa de há vinte anos.

DONA EUGÊNIA

Pois sim; mas Vossa Excelência não falou de uma senhora chamada Marta de Vilasboas?

JORGE

Falou, senhora dona Eugênia. E que sabe Vossa Excelência da pessoa que teve esse nome?

DONA EUGÊNIA *(encarando-o com susto)*

Nada...

JORGE *(à parte a José de Sá)*

Sabe a história do sogro.

JOSÉ DE SÁ *(o mesmo)*

É natural.

VISCONDESSA

O senhor Aranha, diz-me onde está a prima Travaços...

PEDRO

Eu conduzo Vossa Excelência. *(Dá-lhe o braço... Saem.)*

CENA 9

DONA EUGÊNIA, JORGE, SÁ

JORGE *(aproximando a cadeira)*
De Marta de Vilasboas estávamos nós efetivamente conversando, minha senhora. Quando a mulher que teve esse nome saiu deste mundo, Vossa Excelência teria apenas nascido.

DONA EUGÊNIA
Vossa Excelência conheceu-a?

JORGE
Vi-a. Quer Vossa Excelência provavelmente que se lhe conte um episódio da história do seu sogro...

DONA EUGÊNIA *(erguendo-se de ímpeto)*
De meu sogro? Não entendo... Que tem que ver meu sogro com essa senhora?

JOSÉ DE SÁ *(à parte a Jorge)*
Discrição. *(Sai.)*

CENA 10

DONA EUGÊNIA E JORGE

JORGE

No rosto angélico da Vossa Excelência reluz sinceridade. Não posso crer que a senhora dona Eugênia finja ignorância; mas também não posso perceber o ar de interesse com que me pergunta se eu conheci Marta de Vilasboas.

DONA EUGÊNIA

Fui criada num recolhimento, onde muitas vezes ouvi contar a desventurada sorte dessa senhora.

JORGE

Ah! Ficou-lhe na memória o nome, e no coração o dó da mulher que teve a infelicidade de ser amada do marido até ao extremo de ser morta por ele...

DONA EUGÊNIA

E ele amava-a!?

O CONDENADO

JORGE

Que pergunta! Pois não vê que ele a matou por ciúmes?

DONA EUGÊNIA *(como aterrada)*

Matar! Que horror, meu Deus!

JORGE

O horror não é matar; é sobreviver a esse cadáver que deixa uma herança de desonra eterna. O horror é viver com o peso desse cadáver, não sobre a consciência, mas sobre o coração esmagado para nunca mais ressurgir. Para que Vossa Excelência possa, sem espavorir-se, pôr os olhos da sua alma no homem que matou Marta, imagine-o esposo, amante e apaixonado, ao quarto ano ainda noivo, pensando que a sua mulher a cada novo dia que vem sempre de carícias, sente a precisão de redobrar de ternura e gratidão. Veja-o de joelhos, ao pé de um berço onde lhe brincava com os beijos uma criança que ele chamava filha...

DONA EUGÊNIA *(com ímpeto)*

Então Vossa Excelência conheceu-o?

JORGE

Se conheci!... Considere-o de repente sem a esposa, sem a filha, com a alma varada pela morte das duas vidas que viviam nele. A mãe endoidecida vai ao berço onde está a criança, grava-lhe no rosto o lábio da sua infâmia, envolve-a na sua mesma mortalha, sepulta-se com ela. O marido e pai é de repente arrancado a empuxões de opróbrio dos braços de uma esposa querida. Quando lhe ele agradecia as alegrias do seu amor, e a criança sorrindo parecia entender os júbilos do pai, Marta punha um pé sobre o coração do marido, outro, sobre o seio da filha, e repartia entre os dois a desonra que lhe sobejava. Do homem que por espaço de quatro anos lhe beijara os pés, fez um desgraçado sem nome; mas a sociedade, precisando dar um nome a esse desamparado, chamou-lhe assassino. Ele matou-a, senhora dona Eugênia; foi a si próprio que ele se matou. Era forçoso espedaçar a alma que se identificara ao corpo contaminado da mulher perdida. As convulsões do veneno dilaceraram-lhe duas robustas vidas, a do coração e a do pundonor. O anjo que esse homem chamava filha caiu dos braços da mãe, e ele repulsou-a dos seus, porque... Não sei onde estão torturas comparáveis às da incerteza entre um berço onde sorri um inocente e a sepultura onde os vermes completam a podridão de uma coisa infame como é a mulher que deixou seus filhos envergonhados se lhe proferirem o nome. Peço perdão se estou magoando a sua sensibilidade, minha senhora. Vossa Excelência está sofrendo, e eu disse palavras acerbas como se as estivesse dizendo em frente dos juízes que condenaram Jácome da Silveira. Chora! Vossa Excelência chora?! Por quê?

DONA EUGÊNIA

E por que não pediria essa criancinha a vida da sua mãe? Ela choraria o seu remorso ao pé do berço da filha... O desgraçado que praticou um tão duro castigo devia deixá-la viver, abandoná-la, para que a órfã não ficasse tão sem abrigo, à caridade de estranhos... Não se mata uma mãe que tem nos braços uma criancinha de 3 anos.

JORGE (severo)

Essa mulher que morreu tinha o amante que primeiro lhe matou os brios; a criança podia ser filha do amante; e, se ele fosse menos infame do que cobarde, deveria retribuir a desonra da mãe, repartindo com a órfã as pompas desta casa.

DONA EUGÊNIA (vivamente agitada)

Não entendo, senhor! Por que diz Vossa Excelência que a filha de Marta devia ter parte nas pompas desta casa? Responda... Diga... Diga que segredo é este de que vai estalar uma grande desgraça... Olhe que é atroz a minha desconfiança... É horrível... E eu receio morrer...

O CONDENADO

JORGE

É incompreensível o susto da Vossa Excelência! Receia morrer... Por quê? A senhora dona Eugênia está formando espantosas tragédias na sua fantasia! Olhe que não há nada extraordinário que deva atemorizá-la... Contou-se aqui a história de um homem atraiçoado, e de uma mulher morta...

DONA EUGÊNIA

Mas meu sogro teve parte nesse terrível acontecimento?

JORGE

E quando tivesse, minha senhora? Há aí nada mais vulgar, que um homem desonrado por outro? E acaso viu Vossa Excelência encapelarem-se grandes tormentas à volta das pessoas como seu sogro?

DONA EUGÊNIA

Mas... Só duas palavras... Depressa, antes que venha gente. O meu sogro foi quem perdeu Marta... Foi? *(Agitando os braços, desprende-se-lhe uma pulseira, que Jorge levanta; mas, ao acolchetar-lha, repara e estremece.)*

JORGE *(rancoroso)*

Quem lhe deu esta pulseira? Quem lhe deu este retrato, senhora?

DONA EUGÊNIA

Retrato! Isto não é retrato... Esta pulseira deu-ma...

JORGE *(interrompendo-a com mal reprimido arrebatamento)*

O seu sogro? Esse ignóbil costuma dar às esposas dos filhos os retratos das amantes?

DONA EUGÊNIA

Jesus! Ouça-me...

JORGE

Sabe a senhora que este retrato é o de uma adúltera que se chamou Marta? Uma adúltera que deu ao seu sogro o retrato que o marido lhe dera nesta pulseira entre as joias do noivado? *(Arroja a pulseira ao chão, e vai pisá-la quando Eugênia a levanta impetuosamente.)*

DONA EUGÊNIA

Pois este retrato é o dela? *(beijando-o e soluçando)* Oh! Eu não sabia... Vem gente... Não quero que me vejam chorar... Siga-me... Eu tenho muito que lhe dizer... Siga-me a outra sala. *(Toma-lhe o braço e saem rápidos.)*

CENA 11

VISCONDE DE VASCONCELOS E JOSÉ DE SÁ

VISCONDE
Quando me disseram que estavas aqui, esperava eu que as forças me deixassem preparar para a jornada...

JOSÉ DE SÁ
Para onde vais, visconde?

VISCONDE
Para Trás-os-Montes, para uma torre onde estaria bem apartado da sociedade o Leproso de Xavier de Maistre... Há muitos anos que te não vejo, José de Sá. Éramos rapazes a derradeira vez que nos vimos! Estás ainda robusto, e com o colorido da mocidade nos gestos e nos olhos. Vê-se que não inclinaste a cabeça para o peito a chorar. Não afogaste em lágrimas, quando eras moço, os embriões donde te floriram as alegrias da velhice. Não fui eu assim, José de Sá. Sabes que formidável trance me envelheceu

quando eu principiava a viver. A Providência ainda não levantou a mão inexorável. Não podes imaginar o que há sido a minha vida.

JOSÉ DE SÁ

Basta-me ver-te para crer que tens sofrido; porém, não o imaginava eu assim. Depois que saíste de Lisboa, poucos anos passados soube que tinhas um filho. Há dias chegando ao Porto, soube que o teu filho dava um baile, e que tu vivias quase sempre na província. Estas notícias, a falar verdade, não me parecem bastantemente significativas da vida dolorosa que tens passado. Eu julgava-te feliz como o vulgar dos homens.

VISCONDE

José de Sá, o mundo, quando vê padecer os grandes criminosos, recusa acreditar que eles sofrem, para os ter sempre debaixo do peso do seu ódio. Se um suplício secreto os mata lentamente, o mundo, embora lhes veja lágrimas nas rugas do rosto, não tem compaixão deles. A sociedade crê pouco nos castigos ocultos da justiça divina, porque não conhece justiça eficaz e exemplar senão a dos cárceres, dos degredos e das forcas. Desde aquela hora funesta em que eu me vi ao mesmo tempo o mais miserável e desprezível homem... quando me foi forçoso esconder no meu antro as lágrimas por aquela... cuja sepultura eu abri... desde aquela hora acendeu--se na minha alma um inferno inextinguível.

JOSÉ DE SÁ

Os teus amigos pensaram que terias então a louvável e virtuosa coragem do suicídio.

VISCONDE

A virtuosa coragem do suicídio! Depois que se atropelaram em frente de mim desgraças tamanhas, o matar-me então seria coragem? O partir a corrente que me prende há vinte e dois anos a um incessante suplício seria coragem? Eu naquele tempo não tinha o menor vislumbre de religião, o matar-me sem pavor da eternidade seria, nas minhas circunstâncias, o complemento de uma vida proterva. Fechar olhos para não ver a sombra de Marta, nem Jácome no degredo, seria um ato de valor? Não. Valor é ter ainda hoje lágrimas para ambos... E, no dia em que eu não puder chorar, descrerei de Deus e então... matar-me-ei, por entender que expiei acerbamente, e não fugi ao castigo...

JOSÉ DE SÁ

Mas parece que fugiste do duelo.

VISCONDE

Eu não podia afrontar-me com o homem que eu desonrara. Criminosos como eu aceitam uma bala, não aceitam um contendor no campo da honra. Matam-se, não se desafiam tais homens. A sociedade quereria que eu apontasse um florete ao coração do marido de Marta? Se eu o matasse, atenuaria a minha baixeza com esse ato de desumanidade?

JOSÉ DE SÁ

Mas a sociedade, quando vê os delinquentes na tua condição, pergunta como é que expiam.

VISCONDE

Essa pergunta me fazes tu em nome da sociedade?

JOSÉ DE SÁ

Não. Se eu te interrogasse, visconde, seria pela minha conta. A sociedade creio eu que não te pergunta nada. Dá-lhe bailes; que a sociedade troca por isso o prazer de te difamar. A sociedade enquanto dança não dilacera reputações. Evita, quanto puderes, ser desgraçado e pobre. Isso é que se não perdoa. Ainda que os remorsos te cortem o coração, sê tu rico e verás que a sociedade conspira em te distrair com o espetáculo da farsa humana em que os truões sacodem os cascavéis para que não ouças os gemidos da tua consciência.

VISCONDE

Eu não dou bailes; dá-os meu filho, que é moço e não se priva dos gozos da mocidade porque me vê chorar. José de Sá, tens sido duramente severo comigo. Não me queixo. Generosamente me apertaste a mão; e eu não merecia tanto. Se alguém tivesse compaixão de mim, não serias tu por certo, que foste amigo de Silveira e o confidente de aflições superiores ao entendimento de desgraçados maiores do que eu. Chorei-os ambos, porque os matei ambos. Peguei daqueles três entes cheios das alegrias da honra e do amor... E atirei-os à voragem do opróbrio e da morte... Despreza-me tu, desprezem-me todos, que eu não tenho reabilitação... Não posso arrancar-me das prezas implacáveis do meu remorso. *(Cai extenuado numa cadeira.)*

JOSÉ DE SÁ *(contemplando-o, e entre si)*

Não te erguerás não, infeliz! Pesa-te na consciência o cadáver de Marta...

CENA 12

Os mesmos, Viscondessa, Pedro Aranha com outros grupos que se cruzam ao fundo

VISCONDESSA

Ai! Ali está o visconde! *(Aproxima-se inclinando-se.)* Visconde!

VISCONDE

Minha senhora... *(levantando-se a custo)*

VISCONDESSA

Soubemos agora que Vossa Excelência tinha chegado, e procuramo-lo em todas as salas. Reanime-se!

VISCONDE

Estou bem, senhora viscondessa. E a Vossa Excelência tem-se enfastiado?

VISCONDESSA

Não me enfastio; gelo-me de horror quando penso que a luz do sol nos há de mandar sair deste paraíso.

PEDRO

Onde todos os pomos são proibidos.

JOSÉ DE SÁ

E os maduros também? *(trejeitando como alusão à viscondessa)*

VISCONDESSA

Os verdes principalmente é que são proibidos pela mesma razão que o eram as uvas à raposa; não acha, senhor Pedro Aranha?

PEDRO

Eu acho que Vossa Excelência sabe tudo, adivinha tudo, é a árvore da ciência deste paraíso. Descobriu ultimamente que eu vinha depor o meu inveterado ceticismo às plantas de uma menina portuense.

JOSÉ DE SÁ

E eu não admiro; que nestas salas tenho eu visto expendidas belezas, às quais seria fácil empresa dobrar o orgulho desta moderna seita de céticos e de jovens cansados de amor que se deploram em Portugal por versos mais ou menos errados e morrem quase sempre desconhecidos na sua rua.

VISCONDESSA *(ao visconde)*

Que abstração! Que melancolia! Distraia-se! Ó visconde *(indigitando um par)* quem é aquela menina que parece ir adormecida sobre o ombro do menino respetivo?

VISCONDE

Não sei, minha senhora. Eu conheço nesta sala Vossa Excelência e a mulher do meu filho. Onde está Eugênia?

O CONDENADO

VISCONDESSA

É uma pergunta que eu ia fazer. Há coisa de um quarto de hora que a vi passar pelo braço de Jorge de Mendanha.

VISCONDE

Não tive o prazer de ver esse cavalheiro, e provavelmente já o não verei, porque vou sair.

JOSÉ DE SÁ

Tu não estás hospedado em casa do teu filho?

VISCONDE

Não, José de Sá. Eu amo bastante o meu filho e a minha nora para os não mortificar com a presença continuada de uma velhice repelente...

VISCONDESSA

Aí vem lamentação do profeta... Se vem, deixo cair a cara com o peso da mortificação!... Ah! Aqui vem a senhora dona Eugênia com Jorge de Mendanha.

ÚLTIMA CENA

OS MESMOS, JORGE, RODRIGO, EUGÊNIA E CONVIDADOS QUE VÃO PASSANDO

(Do lado por onde entrou Mendanha, vem Rodrigo, que se avizinha do pai no intento de o apresentar. Jorge de Mendanha para, em frente do visconde, largando o braço de Eugênia e deixando pender os braços. O visconde encara Mendanha com penetrante frieza e espasmo.)

RODRIGO *(a Mendanha)*
 Tenho a honra de apresentar a Vossa Excelência meu pai. *(O visconde está fitando convulsamente Jorge. Este mantém-se imóvel, com a cara alta e o olhar fixo e sinistro. O visconde recua, erguendo as mãos em atitude de quem repele uma visão, e cai nos braços de Eugênia e de José de Sá.)*

RODRIGO *(avizinhando-se com altivez de Jorge)*
 Quem é o senhor?

O CONDENADO

JORGE *(apontando para o visconde)*
Pergunte-lho. *(Desce o pano vagarosamente.)*

FIM DO SEGUNDO ATO

TERCEIRO ATO

Primeiro quadro

Sala do hotel de Francfort. – Veem-se galegos atravessar carregados de malas.

CENA 1

VISCONDESSA, E UM CRIADO, POUCO DEPOIS

VISCONDESSA *(em trajes de viagem)*
A carruagem ainda não chegou?

CRIADO
Foi-se chamar, senhora viscondessa.

VISCONDESSA *(irritada)*
Parece que as carruagens no Porto não se mandam buscar, mandam-se fazer. A velocidade aqui é impossível, fora do carroção! Ai! Lisboa, Lisboa! Olé! *(ao criado)*

CRIADO
Minha senhora.

VISCONDESSA
O senhor Mendanha já se levantou?

CRIADO

Parece-me que ainda se não deitou. Desde que chegou do baile tem passeado sempre no quarto.

VISCONDESSA *(ao criado que está sacudindo o pano da jardineira)*

Ó senhor homem!

CRIADO

Minha senhora.

VISCONDESSA

O senhor conselheiro José de Sá está com o senhor Mendanha?

CRIADO

Está no quarto dele.

VISCONDESSA

Está mais alguém de Lisboa neste hotel?

CRIADO

Mais ninguém, senhora viscondessa.

VISCONDESSA *(tirando dois bilhetes de uma carteira)*

Pegue lá: dê estes bilhetes aos senhores...

CRIADO

Aí vem o senhor conselheiro. *(Sai.)*

CENA 2

José de Sá e Viscondessa

JOSÉ DE SÁ

Que madrugada é esta! Vossa Excelência, à uma hora da tarde, já radiosa, em trem de viagem!

VISCONDESSA

Não dormi nada, tenho os nervos em convulsões, estou doente, e vou para Lisboa no Lusitânia que sai às duas horas felizmente. Que me diz à cena melodramática do baile?

JOSÉ DE SÁ

Pareceu-me mais trágica do que melodramática.

VISCONDESSA

Mas quem anda a fazer tragédias pelos bailes hoje em dia! Aquilo é de um anacronismo e mau gosto revoltantes! Se os maridos atraiçoados

CAMILO CASTELO BRANCO

começam a dar-se ares de fantasmas trágicos nos bailes, os salões hão de tornar-se medonhos, e cada marido há de dar-se o tom e o feitio de um bravo de Veneza em veteranos.

JOSÉ DE SÁ

Não se graceja assim com o infortúnio, senhora viscondessa.

VISCONDESSA

Ora pelo divino amor de Deus, senhor Sá! A gente não há de vestir-se de luto porque o senso comum vai morrendo hidrópico de ridicularias! Eu acho natural e perdoável que o seu amigo Jácome da Silveira despisse os ares carregados e fúnebres da vendeta e esmurraçasse na Praça Nova ou no jardim de São Lázaro o visconde; mas isto de enroupar-se numa toalete misteriosa, coriscando dos olhos uns fulgores fulminantes, para afinal de contas juntar o escândalo à irrisão, sinto dizer-lhe, conselheiro, que é um soberano disparate e que o século vai muito luminoso para podermos receber a sério estas excrescências da Idade Média. Que diz?

JOSÉ DE SÁ

Eu não disse nada. Estou ouvindo e admirando a senhora viscondessa de Pimentel.

VISCONDESSA

Eu não armo à admiração, meu prezado conselheiro; quero apenas que me vejam protestar contra tudo que tem vislumbres de tolice. Ora queira dizer-me: não estava há muito tempo esquecida a desventura de Marta? O visconde não fugiu da sociedade para que ninguém se lembrasse dela e dele? Isto é verdade: que diz?

JOSÉ DE SÁ

Ainda não disse nada, minha senhora.

O CONDENADO

VISCONDESSA

Bem sei que não disse nada. O senhor Sá ensaia-se para estadista nesta diplomacia de *boudoir*? Parece-me que desperdiça a sua infinita sagacidade nesses ares meditativos com que trata coisas insignificantíssimas.

JOSÉ DE SÁ *(sorrindo)*

Estou quase resolvido a irritar-me contra Vossa Excelência. Se continua a injuriar-me, ai da viscondessa e de mim!

VISCONDESSA

Mas rebata isto, senhor Sá. Que lucrou o seu amigo bulindo nas cinzas de Marta? Reviver misérias...

JOSÉ DE SÁ

Minha senhora, não bula Vossa Excelência nelas, que a memória de Marta é sacratíssima desde que expiou acerbamente a sua culpa.

VISCONDESSA

Concordo; e por isso mesmo reprovo que Silveira... Ah! Uma nota curiosa... O conselheiro reparou naquele pendor sentimental da cabeça de Eugênia sobre o ombro de Silveira quando passeavam nas salas menos concorridas?

JOSÉ DE SÁ *(irônico)*

Não reparei nesse escândalo!

VISCONDESSA

Não? Foi coisa que deu nos olhos de muita gente. Que infinita graça e que profundo mistério não teria o apaixonar-se Eugênia... *(rindo)*

JOSÉ DE SÁ

Ora, minha senhora... Vossa Excelência traz a sua formosa cabeça repleta de maus romances... Bem se vê que os seus nervos andam destemperados pelo terror das tragédias... *(Ouve-se o rodar da carruagem.)*

CAMILO CASTELO BRANCO

VISCONDESSA

Aí está a carruagem... Adeus *(apertando-lhe a mão)*. Vou por casa de Eugênia deixar-lhe um bilhete, se a não puder ver de relance.

JOSÉ DE SÁ

Vai auscultar-lhe o coração a ver se efetivamente está apaixonada pelo meu amigo?

VISCONDESSA

Quem sabe?... Quem sabe...

JOSÉ DE SÁ

Ah! Viscondessa, viscondessa... Receio que o seu benemérito esposo esteja mais arriscado que o de Eugênia...

VISCONDESSA *(fazendo-lhe uma mesura à antiga)*

Ça nest pas gentil, mon cher. Au revoir.

JOSÉ DE SÁ *(cortejando-a profundamente)*

Sempre admirador e sempre admirado. *(A viscondessa sai.)*

CENA 3

JOSÉ DE SÁ E UM CRIADO

CRIADO
O senhor Mendanha mandou-me saber se a Vossa Excelência já estava a pé.

JOSÉ DE SÁ
Diga-lhe que estou aqui.

CENA 4

José de Sá e depois Jorge

JOSÉ DE SÁ
   É necessário revelar a este infeliz as minhas esperanças de ainda podermos encontrar a filha de Marta, fazendo-lhe chegar ao coração a certeza de que é sua filha. *(Examinando a carteira.)* Felizmente que tenho comigo a carta. Se não alcanço nortear-lhe o espírito para outro destino, receio que uma terrível fatalidade venha recomeçar as desventuras deste malfadado homem. *(A Jorge, que entra.)* Descansaste?

JORGE
   Nem levemente: começo a ver novos abismos.

JOSÉ DE SÁ
   Também eu, Jácome.

JORGE
   Esta minha vinda a Portugal...

O CONDENADO

JOSÉ DE SÁ

Eu não ta aprovei. Se o teu intento era completar um plano de vingança, fizeste bem não me consultar. Eu te responderia que uma grande calamidade não justifica planos sanguinários, por mais bem mascarados que venham em requintes de pundonor. Se me consultasses, dir-te-ia que a honra que ensanguenta as mãos só pode a alucinação desculpá-la, e que um assassínio premeditado vinte anos é um ato de selvageria, se a demência o não desculpar. Quando me avisaste da tua chegada ao Porto com um pseudônimo, comecei a duvidar da sanidade do teu juízo. A mudança de nome não podia dissimular um plano incompatível com a honra que te perdeu.

JORGE *(interrompendo-o e levantando-se com ímpeto)*

A honra que me perdeu! Excelente palavra. A honra devia nobilitar-me, se era honra. O que perde e avilta deveria ser o despejo, o cinismo, o impudor, o desvergonhamento que petrifica na cara do infame a lama que lhe atiram. Comigo não foi assim. A honra quis desafrontar-se; sacudi de mim a víbora que me crivava o coração de infernais farpas; mas a sociedade e a sua justiça vieram e bradaram-me: "Vai, condenado; vai-te sem alma, sem dignidade, sem amigos, sem a misericórdia de ninguém! Vai-te nessa leva de ladrões e facínoras; vai contar na África as horas de 7.300 dias e noites. Vai, porque tiveste a audácia de condenar pelo teu desforço os centenares de despejados que não consentem que tu sejas mais brioso do que eles. Se querias gozar os teus direitos de cidadão, se querias a liberdade dos homens de bem, se querias a consideração dos honestos, recebesses a afronta em silêncio, embora a sociedade te visse o ferrete na testa; ostentasses ignorância da tua desonra; apertasses em público a mão que estrangulara na garganta da tua mulher os sagrados juramentos da sua lealdade. Se da tua casa tinham feito um prostíbulo, e dos teus carinhos de esposo um incentivo para irritar os prazeres do crime, bebesses o teu cálix como tantos para quem o fel de uma desonra de mera convenção chega a perder o seu travo. Quem te disse a ti, assassino, que a vida humana não era inviolável? Eras marido amantíssimo? Estremecias tua mulher com ternura de pai? Durante três anos de idolatria não imaginaste sequer que o teu amor pudesse ser assim galardoado? E foste traído? E foste apunhalado pela mão que beijavas? E viste a mulher adorada roxeada nas faces pelos beijos doutro homem? Viste-a bem perdida, bem na lama, bem no abismo? Não importa. A vida humana é inviolável! Sofresses, miserável! Aceitasses a ignomínia que deixou de o ser desde que os infames a partilhá-la são tantos que não se podem escarnecer. E, se tinhas necessidade de sacudir o dardo do coração, bebesses tu o veneno, e morresses, e deixasses tua mulher viúva e formosa viver, a sua inviolável vida e gozar-se na inviolabilidade da sua devassidão..." É assim que a sociedade fala aos desgraçados como eu, José de Sá?

JOSÉ DE SÁ

Desafoga, Jácome; mas em nome das tuas infinitas amarguras te peço que vejas em mim o único homem que te quis enxugar as lágrimas. Eu louvo os moralistas, que escrevem excelências sobre a inviolabilidade da vida humana, e invejo-lhes o sossego, a placidez, o sólido raciocínio com que legislam para as paixões no conforto do seu gabinete. Esses tais nos darão exemplos de cordura quando a sorte funesta os colocar entre a desonra e a teoria; mas, meu querido amigo, não me perguntes se a tua vingança está cumprida e se a tua desafronta requer a vida desse esmagado homem que ontem à noite viste cair nos meus braços. Que queres tu fazer daquela presa de remorsos? Não o vês tão dobrado pela mão da Providência? Não lhe vias na face a escuridão profunda daquela alma?

JORGE

E quem te disse que eu vim a Portugal procurar esse homem para o matar?

O CONDENADO

JOSÉ DE SÁ

Suspeitou-o o receio que tenho de que o prazo dos teus infortúnios ainda não esteja fechado.

JORGE

Essa suspeita vinda de outro que não fosses tu seria ultrajante. Se nos meus desígnios entrasse a morte de tal homem, eu não praticaria o abjeto ardil de entrar disfarçado na sua casa. Ontem te disse no baile o que ali fora fazer. Encarei o réprobo, que tremia debaixo do fardo da sua ignomínia. Não tenho mais que ver. A vida é o patíbulo daquele condenado. A Providência sentenciou-o. Para que não falte nada ao seu suplício, até a coragem do suicídio o desamparou. Creio em ti, Deus! Não se é perverso impunemente. Os que morrem afogados nas lágrimas que fazem chorar não são os que mais dolorosamente expiam. Incomportável inferno deve ser-lhes o recordar-se! A minha vingança, José de Sá, completa-se com a vida do algoz da minha felicidade. Quero que ele viva. Não tenho mais que fazer em Portugal.

JOSÉ DE SÁ

Tens. O teu coração pode reflorescer ainda. Penso poder vaticinar-te um resto de vida com luz, com alegria, com amor. Eu suspeito que Leonor existe.

JORGE

A filha de Marta?

JOSÉ DE SÁ

A tua filha.

JORGE

Minha!... Não me aflijas. Olha que ainda se faz noite na minha alma, se vejo a imagem dessa criança. Minha! Que absurda notícia! Onde foste saber que ela era minha filha?

JOSÉ DE SÁ

Se viste nas rugas do visconde de Vasconcelos assinalada a mão da Providência, por que duvidas crer que a Providência premeie as tuas agonias, tamanhas e com tanta paciência sofridas, mostrando-te a criança que se acalentou num seio sem mácula, a filha do teu sangue, do teu coração e da tua alma?

JORGE *(com veemência)*

Queres tu enlouquecer-me? Queres que eu vá dessa esperança à tristeza mortal do desengano? Como sabes tu que ela vive... e é minha filha?

JOSÉ DE SÁ

Escuta.

CENA 5

OS MESMOS E UM CRIADO, O CRIADO COM UM BILHETE DE VISITA NUMA BANDEJA

JORGE *(lendo)*
Rodrigo de Vasconcelos *(declamando)*. Que vem aqui fazer este homem? Não lhe falo... Em que ocasião!...

JOSÉ DE SÁ
Há de sobrar-nos tempo. Fala-lhe; mas não deixes apagar pela rajada da cólera a ideia luminosa de que tens uma filha. *(Ao criado)* Que entre. *(O criado sai.)*
Vou para o meu quarto. Quando ele tiver saído, voltarei. *(Sai.)*

CENA 6

RODRIGO E JORGE

RODRIGO *(com altivez sarcástica)*
Não sei a quem tenho a honra de me dirigir.

JORGE
Já tive a honra de lhe dizer que o perguntasse ao seu pai.

RODRIGO *(com solenidade e tristeza)*
O meu pai não me responde. Sofre em silêncio, e eu receio que ele morra. Quem é o senhor, que entrou nas minhas salas e introduziu no seio da minha família o escândalo e a desgraça em presença de centenas de testemunhas?

JORGE
Entrei nas suas salas tencionando sair delas dignamente, como seu pai não costumava sair. Não dei escândalo. Os seus convidados viram um

O CONDENADO

homem estremecer e desmaiar diante de mim sem que eu lhe chamasse sequer infame.

RODRIGO

Lembro-lhe que está falando com um filho do visconde de Vasconcelos.

JORGE

Sei isso. Tome nota do conhecimento que tenho da Vossa Excelência, para todos os efeitos. Quer portanto saber quem sou? A minha biografia diz-se depressa. Fui amigo do seu pai, desde a infância que ambos passamos no colégio dos Nobres. Casei. Era suprema a felicidade de marido, quando convidei seu pai a ver nas doçuras da minha vida íntima o soberano bem deste mundo. Disse-me seu pai que via na minha mulher a beleza do anjo e o coração da santa. Deste anjo e desta santa fez seu pai uma adúltera. Desonrou-me. Matei-a. O seu pai fugiu. Eu encarcerei-me; esperei a sentença, e fui condenado a degredo. Há seis meses que saí de África. Vim ver seu pai. Vê-lo e mais nada. Vi. Achei-o miserável até ao asco. Repele e enoja. A Providência fê-lo asqueroso. Deixei-o à Providência, que sabe a razão misteriosa por que tais criaturas se fazem. Resta-me dizer-lhe o meu nome. Sou Jácome da Silveira.

RODRIGO

Ouvi dizer aí que o meu pai fugiu. Não creio.

JORGE

Informe-se.

RODRIGO

O meu pai é um cavalheiro.

JORGE

Em relação a mim, seu pai é um vilão. Desejo que Vossa Excelência não torne irrisória esta nossa já longa, primeira e última prática. Parece-me irracional, se não insensata, a notícia que me dá do cavalheirismo do seu pai, quando eu lhe conto uma história...

RODRIGO *(com desdém)*
Vulgar.

JORGE
São vulgares na sua família estas histórias? Semelhante cinismo vai mal e indecorosamente a um marido! Bom será que a sua senhora não se familiarize com histórias assim vulgares, principalmente se aos infamíssimos personagens se dá o nome de cavalheiros.

RODRIGO
A minha mulher não tem que ver com a nossa entrevista, senhor.

JORGE
De acordo. Respeito-a muito. Nunca vi lágrimas mais dignas da virtude. É pena que ela chore neste tremedal...

RODRIGO
Insisto em afirmar que o meu pai é cavalheiro. Não ouso condenar as fragilidades dele. Limito-me a lastimá-las, tanto mais que nenhum homem, virtuoso ou vicioso, educou um filho com tão elevados conselhos e exemplos.

JORGE *(sorrindo)*
Exemplos!

RODRIGO
Nunca deslizei da linha da honra que o meu pai me traçou. Adivinhei que ele havia sofrido uma cruel catástrofe na sua mocidade, porque no vigor da vida o conheci triste, apartado da sociedade, sombrio, e só. Há três dias soube a causa da sua longa expiação – expiação enfim acabada,

O CONDENADO

porque sei que o meu pai chegou ao termo da sua funesta carreira e estende os braços para a bem-aventurança da sepultura. No entanto, se ele pudesse desafogar-se das dores mortais que o abafam, Vossa Excelência encontraria diante da sua mal empregada bravura o homem que lhe não fugiu; mas fugiu à horrenda contingência de matar o homem que tinha ofendido. Permita Deus que o meu tão honrado quanto infeliz pai restaure, pouco que seja, das suas forças, e a Vossa Excelência conte com um peito bem a descoberto do seu ferro, se à sua vingança se fazem necessárias algumas gotas de sangue.

JORGE

Rejeito. Eu quero que o seu pai viva.

RODRIGO

Sem embargo dessa sarcástica concessão de vida, cumpre-me dizer ao senhor Silveira: primeiro, que tenho um só nome, e que o não mudarei quando houver de insultar o mais valente, ou o mais covarde; segundo, que, morto meu pai da angústia que o abateu, hei de obrigar o seu indireto assassino a retirar de sobre a sua campa as injúrias cuspidas sobre as rugas de um velho, cujo crime, longamente expiado, o havia posto na posição alta onde os vitupérios da Vossa Excelência não deviam chegar; terceira, que sinto um verdadeiro prazer na hipótese de que o senhor Silveira terá a coragem que inculca.

JORGE

Eu tenho apenas inculcado desprezo; e de agora em diante não poderei senão inculcar o tédio que o senhor Vasconcelos me está fazendo. *(Aponta-lhe a saída da sala.)*

RODRIGO

Concluiremos noutra parte. *(Sai.)*

CENA 7

Jorge e José de Sá

JOSÉ DE SÁ

Ouvi tudo. Mal vai isto, Jácome! Bem pressagiava eu que se estão encadeando outros elos à corrente das tuas fatalidades! Como evitarás o duelo?

JORGE *(serenamente)*

Em meio de tudo isto, o rapaz teve momentos em que me abalou profundamente. Via-se ali um filho, nobre coração de filho. De uma vez divisei-lhe lágrimas. Se ele, nesse lance, me diz que o seu pai era um desgraçado digno de compaixão, eu creio que lhe diria: "Peça a Deus que quebre ao penitente os espinhos do remorso; que eu deixá-lo-ei a sós com o fantasma que o arrasta à sepultura..." E, depois, que imensa piedade me fez a mulher deste moço, aquela doce alma que se desfazia em prantos pedindo-me comiseração...

O CONDENADO

JOSÉ DE SÁ

Calculemos o progresso desta nova calamidade. O visconde, fulminado pela tua presença, provavelmente sucumbe. Se ele morre, o filho desafia-te. Irás ao campo. Se o matas, matarás um homem que quis, com ou sem razão, defender a memória do seu pai. Imagina o restante da tua vida, da tua velhice, com mais um fantasma para as tuas noites de insônia. Se ele te mata, fechaste lastimavelmente o ciclo das tuas desventuras. Morres sem que os teus amigos de ti possam dizer que tinhas precisão de morrer legitimamente; quero dizer, que acabaste consoante as leis da honra; porque eu considero três vezes celerado o homem que vai num duelo apontar uma pistola ao peito doutro que não odeia. Que rancor podes ter ao filho do visconde? Ao marido daquela meiga criatura que ontem chorava diante de ti com a unção do anjo que pede comiseração para a perversidade humana? Não te disse ela que, se tivesses uma filha, os ódios entranhados no teu coração sairiam nas primeiras lágrimas de contentamento? Pois bem. Tratemos de procurar essa filha de cujo amor depende a tua regeneração. Vejamos se ainda há nesta vida algum contentamento para ti. Se estas esperanças falecerem, joga a tua vida nos desafios, ou para te entreteres matando, ou para morrer entretido.

JORGE

Vamos... Conta-me o teu sonho.

JOSÉ DE SÁ

O meu sonho, se sonho é, começa na deplorável noite em que dona Marta sentindo aproximar-se a morte...

JORGE

Depressa.

JOSÉ DE SÁ

Antes de expirar escreveu uma carta.

JORGE

A quem?

JOSÉ DE SÁ *(tirando a carta da carteira)*

À irmã que tinha no convento da Encarnação. Lê.

JORGE *(examina a letra com grande comoção)*

Lê tu... Não posso.

JOSÉ DE SÁ *(lendo)*

"Minha irmã, escrevo-te nas ânsias de uma terrível morte. Morro enve-nenada por Jácome. Invoco o santo nome de Deus para jurar que Leonor é filha do meu marido. Ele disse que não era seu pai quando eu lhe pedi que a não desamparasse. Mostra-lhe este meu juramento, feito ao ir desta vida à presença de Deus. Se ele a desamparar, dá-lhe tu metade do teu pão. Adeus. Chora-me e pede ao Senhor pela tua pobre Marta."

Dona Maria da Glória recebeu esta carta, saiu do convento e entrou na tua casa quando a irmã era morta. Eu dirigi o enterro da defunta, e na volta do cemitério soube que dona Maria da Glória tinha levado a sobrinha. Indaguei na Encarnação; ninguém me soube dizer a paragem da tua cunhada.

JORGE

E soubeste depois?

JOSÉ DE SÁ

Quem o sabia era um teu criado velho que já o havia sido do pai de Marta; mas esse disse-me que jurara a dona Maria da Glória nunca divul-gar a residência da filha da sua irmã.

JORGE

Por quê?

O CONDENADO

JOSÉ DE SÁ

Porque não queria atirar aos desprezos do mundo a filha de uma senhora assassinada...

JORGE

Nada me disseste...

JOSÉ DE SÁ

Que importava dizer-to para Luanda? Sobravam-te lá mortificações. Além de que a delicadeza impunha-me o dever de te não falar da criança que tu não julgavas tua filha.

JORGE

Mas esta carta...

JOSÉ DE SÁ

Esta carta está no meu poder há dois anos.

JORGE

Quem ta deu? Maria da Glória? Então onde está Maria da Glória? Onde está minha filha?

JOSÉ DE SÁ

Quando há dois anos voltei da Exposição de Paris, encontrei no meu escritório uma carta escrita vinte dias antes e assinada por um empregado do hospital de São José, pedindo-me que chegasse lá para negócio urgente. O empregado chamou um enfermeiro, o qual me apresentou uma carta ditada pelo teu criado, nos últimos momentos de vida, em que declarava que dona Maria da Glória o mandara chamar, cinco anos antes, em perigo de morte, e lhe entregara uma carta para te ser entregue se voltasses a Portugal. E, no ponto em que ia proferir o nome do convento onde tua filha estava, expirou golfando sangue.

141

JORGE

E afinal? Onde está minha filha?

JOSÉ DE SÁ

Até hoje têm sido frustradas as minhas diligências nos conventos de Lisboa; mas tu vais lançar mão de recursos em que tenho toda a confiança.

JORGE

Quais? Que esperanças me dás, José de Sá?

CENA 8

OS MESMOS E UM CRIADO

CRIADO
　Procura Vossa Excelência o senhor Pedro Gavião Aranha.

JORGE *(a José de Sá)*
　Já será o cartel? *(Ao criado)* Que entre. *(O criado sai.)*

JOSÉ DE SÁ *(sorrindo)*
　Jácome, olha que temos de procurar tua filha.

JORGE
　Na eternidade?

CENA 9

OS MESMOS E PEDRO ARANHA

PEDRO *(cortejando-os)*
  Senhor Silveira, senhor conselheiro. A minha missão é triste...

JORGE *(risonho)*
  Eu havia adivinhado a sua missão triste.

PEDRO
  Que tinha Vossa Excelência adivinhado? Isso é extraordinário!

JORGE
  Vem representar o pundonor agastado do senhor Rodrigo de Vasconcelos?

PEDRO
  Não. O senhor Rodrigo de Vasconcelos, daqui a poucas horas, se verter sangue, será o das suas lágrimas. Vossa Excelência entrando naquela

O CONDENADO

casa, fulminou a felicidade de dois esposos que se adoravam, e o futuro de uma criancinha que me parece condenada a não poder dizer o nome dos seus pais.

JORGE

Que lhes fiz eu?

PEDRO

Creio bem que a Vossa Excelência, trazido na onda da fatalidade, se não antes pela mão da Providência, o mal que fez, as tempestades que levantou, não as promoveu voluntariamente. O senhor Jácome da Silveira, quando entrou em casa de Rodrigo de Vasconcelos e viu os sobressaltos e ansiedades de dona Eugênia, decerto não podia prever que ia separar os dois esposos dilacerando-os pelo coração.

JORGE

Não o entendo, senhor Aranha! Que é? Eu separei e dilacerei os corações dos dois esposos! Que tenho eu que ver com um ou outro? A senhora dona Eugênia falou-me de outra que morreu e disse-me que ouvira contar a sua história, e chorou, não sei se compadecida de mim, se dela... Tinha uma pulseira com um retrato, que denunciava a impudência de quem o possuíra e lho dera...

PEDRO

O retrato que dona Eugênia tinha na pulseira era o retrato da sua mãe.

JORGE

Isso é falso, senhor! O retrato era de uma mulher que se chamou Marta e foi amante de... *(sustendo o ímpeto de cólera)*.

PEDRO

Sem dúvida nenhuma. O retrato da senhora dona Marta é o que a senhora dona Eugênia tem na pulseira.

CAMILO CASTELO BRANCO

JORGE

Não me diga, pois, que o retrato é da mãe dessa senhora.

PEDRO

Afirmo a Vossa Excelência que a esposa de Rodrigo de Vasconcelos é filha de dona Marta de Vilasboas e que a pulseira não a houve do sogro, mas, sim, de dona Maria da Glória, irmã da sua mãe.

JORGE *(rápido)*

Entendi eu bem? Repita... Compreendes tu, José de Sá? Repita o senhor.

PEDRO

Que o filho do visconde está casado com uma senhora cuja filiação ainda ontem ignorava. Sabe dona Eugênia que Vossa Excelência foi o marido da sua mãe, e também suspeitava desde muito, e desde ontem principalmente soube que a Vossa Excelência, desconfiado da lealdade da sua senhora, repulsara uma menina chamada Leonor, a qual viveu num recolhimento, chamando-se Eugênia, e desse recolhimento saiu com uma prima do honrado rapaz com quem casou. Esta deplorável senhora está hoje apertada na cruelíssima angústia de se ver apontada por Vossa Excelência como filha do pai do seu marido. Este conflito é pungentíssimo para uma alma, cuja sensibilidade está exaltada por sentimentos religiosos. Eu acabo de presenciar a destruição rápida que a paixão e a vergonha estão fazendo naquela desoladíssima senhora – vergonha de ser apontada como filha da adúltera morta a veneno, e como suspeita filha do cúmplice da sua mãe, e esposa do seu próprio irmão! Fui chamado a confidenciar neste inferno, e aconselhei-a que ocultasse o mistério do seu nascimento. "Não posso, bradou ela, sinto-me morrer esmagada pelo opróbrio da minha situação. Se o visconde é meu pai, receio vê-lo morrer às mãos do matador da minha mãe; se o meu pai é Jácome da Silveira, eu não posso deixar de me abraçar naquele grande desgraçado e dizer-lhe que sou sua filha!"

O CONDENADO

JORGE *(interrompendo-o com as mãos fincadas nos braços dele)*

Ouça, senhor. Ela chamou-se Leonor? É filha de Marta? Foi ela mesma que lhe disse: "eu sou filha de Marta"?

PEDRO

Quem poderia dizer-mo senão a senhora dona Eugênia?

JORGE

José, como compreendes tu isto?

JOSÉ DE SÁ

Que tens a tua filha. A Providência colocou o anjo à borda de um abismo em que tarde ou cedo chirias.

JORGE

Vá dizer-lhe que está aqui seu pai... Diga-lhe que eu lhe inundei o rosto de lágrimas quando a deixei no berço aos 3 anos. Diga-lhe que ajoelhei com ela nos braços, e dei brados a Deus pedindo-lhe um abalo no coração que se despedaçou quando a infernal dúvida ma desentranhou do peito, e eu a repulsei, exclamando: "não és minha filha". Nas primeiras noites de cárcere, eu via um espectro, e uma sombra compadecida, como a de um anjo lagrimoso. O anjo quando eu caía de rosto contra as Lages, e adormecia atrofiado pelo frio da madrugada, punha-me na face a mão e aquecia-ma; colava os lábios nos meus ouvidos aturdidos de um gritar estridente, e dizia-me: "Pai". Eu despertava, e cria que a febre cerebral ia matar-me... Fui para o desterro. Por entre o bramir das ondas ouvia o vagir da criancinha; e de noite, buscando-a no céu, parecia-me vê-la envolta em mortalha branca, entre as nuvens que passavam, e as estrelas que pareciam contemplar em mim o homem que reuniu em si quantas agonias Deus pôde criar num dia de cruel onipotência. Eu não podia então chorar como hoje. Deus não me deu a esmola das lágrimas para que o reconhecesse

147

e confessasse na hora em que viesse a encontrar a face do anjo que nas infinitas noites de degredo ainda me aparecia e dizia: "Espera". Chegaram. Sinto as lágrimas. Sinto-as no coração, que renasce; mas aqui dentro há um ansiar que me sufoca... Onde foi Deus levar minha filha? *(sorrindo)* Deus!... Onde hei de eu ir procurá-la? Ali... Ali onde a desgraça, um acaso, um acidente estúpido a levou! Hei de eu ir buscá-la, pedi-la... A quem? Ao marido? Ao filho do meu algoz? Meus amigos, este aparecimento da minha filha não é um bem com que Deus me premeia... É uma nova esponja de fel, que me dão para eu matar a minha sede de amor e de felicidade. Não existe... Leonor está morta para mim... Para sempre morta... Ó meu Deus!... Deixai-me chorá-la segunda vez. *(Esconde o rosto soluçante entre as mãos.)*

FIM DO PRIMEIRO QUADRO

Segundo quadro

Antecâmara luxuosa. Dona Eugênia ajoelhada à beira de um berço com armação de cortinados, contemplando um filho de poucos meses. Rodrigo, com o aspeito quebrantado, vem entrando vagarosamente.

CENA 1

DONA EUGÊNIA E RODRIGO

RODRIGO *(com muita brandura)*
  Eugênia...

DONA EUGÊNIA *(levantando-se)*
  Meu bom anjo, estavas aqui?

RODRIGO
  O sorriso da criancinha iluminou a escuridão da tua alma?

DONA EUGÊNIA
  Adormeceu, e suspira de sorte que parece lhe está gemendo o coração... *(beijando o rosto da criança)* Eu não posso com tantas agonias, Rodrigo! *(abraçando-o impetuosamente)* Espedaça-me o arrependimento de não te haver dito o nome da minha mãe... Eu sei que o teu pai me daria o pão da subsistência ainda que não fosse causa da morte dela; mas minha tia disse-me que eu seria desprezada e repelida se declarasse o nome da minha

mãe; que as mais desonestas senhoras teriam vergonha de se compadecerem de mim; e que eu, sobre tantas desventuras, tinha a da pobreza, a mais repugnante de todas. Isto me dizia a minha santa tia, lavando-me o rosto com lágrimas, como se quisesse purificar-mo das manchas do opróbrio da minha infeliz mãe. Mas o que ela me não disse foi que eu não poderia proferir sem receio o nome do meu pai. Ela não quis aviltar aos meus olhos a sua pobre irmã assassinada. Nem me revelou quem foi o homem que a tentou e perdeu, nem sequer me deixou entrever a dúvida de que eu fosse filha desse, que ontem cobriu de eterno luto a nossa família. Se ele não é meu pai, Rodrigo, que me és tu a mim? Não vês que o marido da minha mãe dirá que eu sou tua irmã e que o nosso filho herda a desonra desta nossa união impossível... Impossível, meu Deus!

RODRIGO

Que queres tu, pois, fazer da tua vida, da minha, e desta criança?!

DONA EUGÊNIA

Não mo perguntes a mim, que morro de aflição! Ensina-me a ter ânimo... Diz-me, Rodrigo, como há de chegar um raio de luz a esta nossa situação tão negra! Que te diz o coração, filho?

RODRIGO

Que esperemos, Eugênia. Quando meu pai estiver menos febril, perguntar-lhe-ei com dolorosa franqueza o segredo do teu nascimento, e...

DONA EUGÊNIA *(interrompendo-o ansiada)*

Não perguntes, que podes matá-lo. Se ele tem de morrer, que vá sem a terrível surpresa de saber quem sou. Poupa-o, que eu tenho tanta pena dele como de ti. Não lhe digas quem sou. Há nada mais aflitivo? Ó Rodrigo, que horrenda angústia a dele se eu sou... a sua filha! *(Esconde o rosto nas mãos.)*

RODRIGO

Aí vem o pai...

CENA 2

Os mesmos e o Visconde

(O visconde vem amparado por dois criados.)

RODRIGO *(adiantando-se a recebê-lo com aparente alegria)*
Ótimo! Bela surpresa! Nesta cadeira, meu pai. *(Rodrigo e Eugênia vão recebê-lo dos braços dos criados e conduzem-no à cadeira.)*

DONA EUGÊNIA
Está muito melhor...

VISCONDE
Estou, filha.

RODRIGO
Que sente agora?

VISCONDE

Ânsia de repouso, e a nuvem da eternidade a toldar-me os olhos. Eis que chega a noite da morte. *(Fitando Eugênia)* Como está desfeita a sua formosura, Eugênia! Onde as lágrimas chegam, começa a morte a sua obra de destruição... Compreendo bem a sua piedade, menina. Como não conheceu mãe nem pai, o grande amor filial que tinha no seu coração, deu-o ao pai do seu Rodrigo. Deus lho recompense no amor do meu neto... Cheguem para aqui o berço. Quero ver o meu Álvaro... *(Aproxima Eugênia o berço.)* Adeus. Adeus. Tu entras, e eu vou sair. Guardai-o, filhos. Conta-lhe tu, Rodrigo, a minha vida e morte... Eu queria beijá-lo. *(A Eugênia, que faz menção de o tirar do berço.)* Não, não. Deixá-lo dormir... Que serenidade! Também eu hei de tê-la. Para os grandes desgraçados, o sepulcro é suave e sossegado como o berço das crianças. Eugênia, venha aqui... Não chore desse modo, filha! Lamente-me se eu viver.

DONA EUGÊNIA

Eu não choro... O pai há de restabelecer-se. *(Rodrigo gesticula a Eugênia para que ela se esconda de modo que o pai a não veja.)*

RODRIGO

Meu pai. *(Espera instantes que o pai levante a cabeça.)*

VISCONDE

Eugênia?

RODRIGO

Foi lá dentro. Na ausência dela, faço uma pergunta ao meu pai, e da ousadia lhe peço perdão.

VISCONDE

Pergunta.

O CONDENADO

RODRIGO

Essa infeliz senhora que o meu pai amou... A mulher de Jácome da Silveira, tinha filhos?

VISCONDE

Uma filha.

RODRIGO

Que se chamava...

VISCONDE

Leonor. Uma criança entre 3 e 4 anos, muito formosa. Sabes alguma coisa dessa menina?

RODRIGO

O meu pai soube que destino lhe deram?

VISCONDE

Não. Alguns amigos meus de Lisboa a procuraram sem resultado. Se ela tivesse aparecido, eu adotá-la-ia, sabendo que o pai a renegara de filha aleivosamente, mas digno de desculpa...

RODRIGO

Mas meu pai tem a certeza de que Leonor era filha de Jácome da Silveira?

VISCONDE

Como tu tens a certeza de que este filho é teu: jurá-lo-ei com os olhos na sepultura, e o coração na misericórdia de Deus. Quando comecei a... cavar o abismo da minha vítima... Leonor já tinha 2 anos e meio e fitava-me com os seus grandes olhos de um modo muito triste que parecia dizer-me:

"Eu, por amor de ti, ficarei sem pai e sem mãe". E ficou. (*Eugênia, que tem ouvido muito alvoroçada este diálogo, neste lance corre em grande transporte aos braços de Rodrigo.*)

DONA EUGÊNIA

Graças, graças, meu Deus! Fizestes o milagre, virgem do céu! Agora, sim, que toda a minha alma respira desoprimida! És meu, Rodrigo! (*Ajoelhando aos pés do visconde.*) Bem haja, bem haja que me tirou a morte de sobre o coração, e de sobre esta criança um afrontoso opróbrio!

VISCONDE (*enleado*)

Que é?! Que diz, Eugênia?

DONA EUGÊNIA

Chame-me Leonor, que eu sou Leonor... Sou a filha da pecadora que morreu... Sou a órfã que a mãe de Deus guiou até ao coração do seu filho.

VISCONDE (*agitadíssimo*)

É isto febre, meus filhos? É o delírio dos últimos arrancos? Não me está esta senhora dizendo que é filha de Marta?!

DONA EUGÊNIA

Sou... Sou...

VISCONDE

Ajudai-me... Erguei-me... Forças, vida, um dia de vida, meu Deus! Um dia para chorar contigo, Leonor... Olha que tinhas a mais amorável e extremosa das mães... O coração mais santo do amor maternal. Formosa como tu... Da tua idade... Respeitada e adorada; contente, feliz, virtuosa, boa... Mas... Matei-a... Não foi teu pai que a matou, Leonor... Fui eu!... O veneno que lhe fazia espumar sangue e ranger os dentes convulsos, e rojar-se no chão, e atirar-se a gritar para o teu berço, esse veneno fui eu que lho vazei

O CONDENADO

no peito... Eu fui quem a despenhei dos respeitos públicos para a desonra irrevogável, da mais rica e florida existência para um torrão desconhecido do cemitério, para a vala dos pobres... E levantei-lhe como monumento uma memória infame! Fui eu... Eu fui o algoz... *(Resvala à cadeira, soluça e prossegue.)* Meus filhos, ide, ide... Pede-vo-lo com as mãos erguidas o penitente na agonia... Ide pedir a Jácome da Silveira... Vai, filha, vai pedir ao teu pai que me perdoe. Diz-lhe que é um agonizante que lho pede... Um homem que até esta hora invocou a morte, e a morte, a enviada de Deus, não quis derrubar-me sem este grande trance. Vai, Leonor, vai dizer ao teu pai que eu morro. Apaga-lhe o fogo da ira com as tuas lágrimas... Chora-lhe no coração, que a piedade renascerá, e o perdão virá a tempo de eu poder acabar sem estas angústias de remorso que me...

CENA 3

OS MESMOS, E PEDRO ARANHA

PEDRO *(a dona Eugênia)*
Se Vossa Excelência quisesse sair à primeira sala, encontraria seu pai.

DONA EUGÊNIA
Jesus! Que hei de eu fazer, Rodrigo!

VISCONDE
Vai... Cumpre o meu pedido, Leonor. Diz ao teu pai que Heitor de Vasconcelos lhe pede perdão.

ÚLTIMA CENA

OS MESMOS, JOSÉ DE SÁ E JORGE DE MENDANHA

JORGE *(com as costas voltadas para o visconde)*
  Aqui estou, Leonor. *(Leonor inclina-se como quem vai ajoelhar.)* Não ajoelhes. Se algum de nós deve ajoelhar, sou eu diante de ti. Vingada estás do meu desamparo, filha. Perdi as tuas carícias por espaço de vinte e um anos. Agora, o que podes dar-me é lágrimas. Eu tas recebo como sinais da misericórdia divina. Senhor Rodrigo. *(Rodrigo aproxima-se.)* Vou expatriar-me outra vez. Deixo-lhe o bom e nobre coração da minha filha. Quem a aceitou e amou pobre, nada lhe importa saber que ela é rica. Filha, privei-te do amor de pai; mas os bens de fortuna, como não podiam dar-me um instante de paz, não se perderam. Poderás enxugar com eles muitas lágrimas, se elas não forem de angústias tamanhas como a minha.

DONA EUGÊNIA *(ajoelhando)*
  O perdão, meu pai!

JORGE

Que tenho eu que perdoar-te, anjo?!

DONA EUGÊNIA

O perdão... Para o pai do meu marido. *(O visconde está erguido e amparado nos braços de Pedro Aranha e José de Sá.)*

JORGE *(sem olhar para o visconde)*

A misericórdia dos homens não pode ser mais indulgente que a de Deus. Quando esse homem não sentir sobre a consciência o peso da justiça divina, o meu perdão ser-lhe-á inútil. Eu não posso perdoar-lhe a ele, porque Deus ainda me não perdoou a mim. Leonor, eu ainda choro tua mãe. Ele... que morra a chorá-la. *(Aponta-o sem o ver.)*

FIM